American Street Self-Defence

美式街头自卫防身术 /徒手篇

MEISHI JIETOU ZIWEI FANGSHEN SHU
TUSHOU PIAN

张 海 编著

山西出版传媒集团
山西科学技术出版社

图书在版编目(CIP)数据

美式街头自卫防身术. 徒手篇 / 张海编著. -- 太原:山西科学技术出版社, 2018.4

ISBN 978-7-5377-5747-8

Ⅰ. ①美… Ⅱ. ①张… Ⅲ. ①防身术 Ⅳ. ①G852.4

中国版本图书馆 CIP 数据核字(2018)第 051830 号

美式街头自卫防身术·徒手篇

出　版　人：赵建伟
编　　　著：张　海
策 划 编 辑：徐俊杰
责 任 编 辑：徐俊杰
责 任 发 行：阎文凯
封 面 设 计：吕雁军

出 版 发 行：山西出版传媒集团 · 山西科学技术出版社
地址：太原市建设南路 21 号　邮编：030012
编辑部电话：0351 – 4922134　0351 – 4922107
发 行 电 话：0351 – 4922121
经　　　销：各地新华书店
印　　　刷：山西臣功印刷包装有限公司
网　　　址：www.sxkxjscbs. com
微　　　信：sxkjcbs

开　　　本：787mm×1092mm　1/20　印张：12
字　　　数：190 千字
版　　　次：2018年4月第1版　2018年4月太原第1次印刷
印　　　数：1-3000册

书　　　号：ISBN 978-7-5377-5747-8
定　　　价：56.00元

本社常年法律顾问：王葆柯

前 言

没去过美国的人对于美国的印象，一般都是来源于影视作品和互联网媒体，普遍认为那是一个和平自由、文明开放的国度。

为了编写这本关于美国街头格斗的书籍，笔者对美国社会安全问题进行了深入的了解与分析，参阅了大量相关文献与纪录片。最终发现，其实事实并非我们想象得那么美好。美国的确是一个经济、文化、科技都很发达的国家，但绝对不是天堂。在星条旗与自由女神像的背后，和所有的社会形态一样，美国同样存在着很多阴暗面，如强奸、诈骗、抢劫、盗窃之类的犯罪事件也并不是什么新鲜事。尤其是近年来，由于枪支泛滥、种族歧视、贫富分化等社会问题日益凸显，暴力犯罪案件在美国多个城市呈现出少见的激增态势。

2017 年 1 月 1 日，芝加哥警察局公布的一组 2016 年该市凶杀案死伤数据，在全美引发轰动。数据显示，在 2016 年，美国第三大城市芝加哥经历了近 20 年来最血腥、最暴力的一年。2016 年芝加哥地区共有 4331 人遭到枪击，其中 762 人丧生，平均每天有超过两人被杀。这个数字比 2015 年增长了 57%，甚至超过了第一大城市纽约和第二大城市洛杉矶的凶杀死亡数的总和，这也是芝加哥 60 年来凶杀案增长幅度最大的一年。

《纽约时报》明确指出：收入不公，城市财政恶化，警察队伍缩水，使得“罪恶之城”芝加哥帮派暴力加剧。高发的凶杀案给新一代的美国人心灵上蒙上了难以抹去的阴影，民众士气低落、对警察部队的不信任感加剧，人们担忧恐怖暴力事件在美国已成“常态化”。

最近，美国《问与答》网站上提出这么一个问题：为什么这么多人喜欢中国？

网友罗斯·戈特尼从2014年起在上海生活至今。他回答说：“我喜欢这里的绝对安全。你永远不用担心街头暴力和街头犯罪。我认识的所有人，不管白天还是黑夜，从来不会为自己的人身安全担心。”

美国社会安全问题，可见一斑。

不仅仅是普通美国老百姓对当今美国社会安全问题深恶痛绝，就连现任总统特朗普也公开宣称，“美国的犯罪已整体失控！”

由此可见，美国的社会制度及其宣扬的法律保障也并非万能，并不能保障所有人的安全，每天都会有人深陷暴力危险当中。

虽然警方不厌其烦地提醒美国公民，提高警惕，最好能够事先避开那些危险，遭遇攻击时及时报警寻求帮助。但真正面临的危机，往往是突发事件，是让你意想不到、令你措手不及的。而且大多数犯罪事件和暴力攻击都是事先预谋好的，实施者基本都会选择在阴暗偏僻的街巷或公园里发动攻击。厄运降临的那一刻，远水难解近渴，警察又能起到什么作用呢？

美国公民最终得出的结论就是：当遇到突发危险时，只有你自己能保护你自己！于是很多人选择了拥有枪支，选择了以暴制暴，其结果便是恶性循环，根本无法解决本质问题。

鉴于暴力犯罪频发，学点徒手格斗术也是美国老百姓普遍选择的一种既简单又经济的防身自卫策略。一技傍身，防患于未然，以求在都市丛林中安身立命。

在美国大大小小的城市里，都分布着各种形式的格斗学校及以防身自卫教学为主的俱乐部和社团组织。由于美国是一个移民国家，这些机构教授的格斗内容，也因教练及学员人种、民族的差异而五花八门，拳击、摔跤、空手道、截拳道、柔术、合气道等等，可谓包罗万象。其中以女子防身术和街头打斗术，最为普通民众所喜爱与推崇。

美国的街头格斗术在国际上是享有盛名的，与俄罗斯街斗术、以色列街斗术并称为世界三大著名街头格斗术。

美国的街头格斗术是一门根据街头打斗的特殊环境及攻击对象，有针对性地编创的防身自卫体系。其最显著的特点就是“简单实用，易于掌握”，适合于各种年龄段的人群轻松学习，并在不同实战场景中运用时达到自然发挥、本能释放。实用价值高，是这门防身技术得以生存和为受众群体充分认可的主要原因。

这本书以 3D 模拟、情景再现的手法，为大家展现了现实生活中发生在美国街头的一幕幕打斗场景。全书通过 58 个格斗场景的逼真再现，共介绍了 23 类徒手格斗技能。这种新颖的诠释格斗技术的方式，据笔者所知，在国内还没有其他人这样做过，对于您一定会感到很新鲜。就笔者而言，也是一种尝试，肯定会存在着这样那样的不足和瑕疵。读者若有什么意见和建议，欢迎随时与我们沟通。无论是什么样的表现形式，我们的目的都是一样的，即将异邦他国的优秀格斗技术真实地传递给中国的广大格斗爱好者，使大家开阔眼界，学习先进的技术，为我所用，逐步使中国格斗技术水平真正达到世界水平。

希望我们这本书中为您介绍的格斗技术，对于提升您的防身自卫技能有所帮助。但要提醒大家，如遇到突发事件时，首先要从容、冷静地思考如何保护自己，尽量避免打斗的局面发生。如果自身权益受到侵犯，最好通过报警或法律的帮助来进行维护。

切记！谨慎出手！

美式街头自卫防身术·徒手篇

CONTENTS

目录

PART 1

尽量避免街头打斗事件发生

街头打斗，顾名思义，就是发生在街头巷尾的暴力冲突事件。包括简单的徒手打斗、持械攻击和帮派群殴，甚至是极端恐怖的枪战对射。

引发街头打斗的原因，概括来讲有这样几种情况：由意外发生的冲突引发的，比如你无意间踩了人家的脚、车辆互相剐蹭；以获取金钱财物为目的引发的，比如抢劫、偷窃；以性侵犯为目的引发的，比如性骚扰、强奸；有预谋的攻击引发的，比如复仇、谋杀、绑架；由协议性的决斗引发的，比如你的情敌约你在某个公园或广场上一决雌雄；由突发事件、恐怖事件引发的，比如被暴徒挟持为人质、被恐怖分子当作袭击目标；还有一种情

况就是无缘无故招致暴力攻击，对方可能是个精神病患者，或者极端仇视社会的心理变态者；等等。

街头打斗不同于拳台上和赛场上的格斗比赛，没有规则、没有限制、没有条件。搏斗双方的技术动作都会不同程度地受到街道环境、公共设施或者车辆行人、树木花丛等障碍物的影响，也都可以充分考虑利用这些客观条件来助力格斗。

在街头展开的打斗是最简单的、最原始的、最真实的，也是最暴力的，华而不实的武术花架子在这里根本得不到施展的机会。

在美国各种格斗培训机构里，传授防身术或者各种形式打斗技能的教练，在正式教给你技术动作之前，都要郑重其事地告诫你“远离打斗”。

对于这样的告诫，我们在正式向您介绍美国街头格斗术之前，也多费些口舌、略施些笔墨，因为这样可以让您真正理解学习格斗术的意义和目的是什么，这很重要！

在过去，危险地带与安全区域之间存在着明显的界限，但现代社会里我们根本不知道在何时、何地可能遭遇危险，根本无法预测突发的危机。我们要提醒大家的是，不要靠近危险区域、不要接近行为举止怪异的人。如果被危险人物纠缠上，尽量以逃跑、道歉、赔钱了事等方式处理，最重要的是避免让自己陷入困境中去。这些做法看上去有些窝囊，实际上却是保护自己最有效的方法。

一旦遭遇街头冲突，我们首先莫忘这样一个原则，“生命第一，财产第二”。这是笔者在很多格斗书籍中不厌其烦地反复强调的。

人最宝贵的是生命，生命的存在是最重要的，也是最为现实的。生命这个最基本的载体如果丧失了，财产、名利这些身外之物也就没有任何意义了。仅次于生命存在的是，我们身体的健康和健全。如果让你在生命和财产之间做一个选择，你一定会毫不犹豫地选择前者。然而一个非常有趣的现象是，当一个人遭遇暴力抢劫，真真切切地面临这个选择时，却有许多人做出了截然相反的选择。这就是为什么我们经常可以在媒体上见到因“舍命不舍财”而惨遭伤害或杀害的事件发生。其实这些人并不是视财如命的守财奴，之所以会有悲剧发生，是因为他们在

判断上出了致命的错误，认为自己很强大，会两下子拳脚，没有正确认识和判断对手的力量。判断上的错误导致他们采取了错误的应对方式，而错误的举动和言语则进一步刺激了对手的神经，从而激化了矛盾，不可避免地发生了肢体冲突，最终导致伤害事件的发生。

提高警惕，是避免遭受街头暴力攻击的基础条件。

日常出行时，要提高防范危险的意识，尽量不要独自去人烟稀少、灯光昏暗的街巷。街边行走时不要将双手插在衣兜里，要保持随时能够出手进行防御的状态。边走路边看手机，或者边走路边听音乐，这些行为也都是非常危险的。等于你无形中放弃了视觉和听觉的预警能力，这样很容易招致图谋不轨者的算计，一旦遭遇突袭，根本就反应不过来，尤其是来自背后的攻击。

另外，准备外出活动时，建议选择穿着休闲轻便的衣服和鞋子，比如运动鞋或者皮鞋，便于行动和实施反击。尽量不要穿凉鞋，女士避免穿高跟鞋。试想一下，当你与别人发生肉搏时，你脚蹬一双“人字拖”，连站稳都无法保证，又如何能够朝对方的裆部踢出凶狠的一脚呢？

生活当中，良好的精神状态和自信心会使你的威慑力大增。你的肢体动作、讲话方式，以及眼神、表情都从一个侧面反映了你的实力和自信程度。一个看上去非常坚毅果敢、行动敏捷、步履轻快，且精神抖擞的人，是很少有人有勇气去惹他的麻烦的。只有那些弓腰驼背，看上去有气无力、懦弱自卑的人，才更容易遭到欺辱和抢劫。

当在街头发生了不可避免的冲突时，我们尽量不要去激怒对方，要保持冷静，避免激化矛盾，竭力理智、智慧地解决问题，防止事态升级，不要将口舌之争上升为肢体冲突。真正值得尊崇的格斗大师会发自内心地告诫我们，“最好的格斗

术就是避免格斗的发生”“以不战而屈人之兵才为上策”。努力用语言和对方心平气和地沟通，力求让对方恢复理智，要避免使用大幅度的肢体语言，避免指手画脚。平静和放松的姿态会收到戏剧性的效果。一个情绪激动的人是很容易失去理智的，人在激动时的自控能力会明显下降，外界进一步的刺激，可能导致其表现出更强的暴力倾向。

另外，当与人在街巷里产生纠纷时，你还要洞察那些与你发生矛盾的家伙有什么目的与企图，也就是说搞清楚真正对自己产生威胁的是什么。如果是你无意间踩到了一个大块儿头的脚丫子，马上谦卑地向人家赔礼道歉，是化解矛盾的最经济、最简单的方法，千万不要难为情，毕竟是你先犯了错。如果对方是一群货真价实的抢劫犯，明火执仗地冲你鼓囊囊的钱包和时尚耀眼的手机而来，那你千万不要舍不得那点身外之物，以卵击石是绝对不可取的，孰轻孰重，你是应该能够掂量出来的。

还有一点必须告诉大家的是，当发觉与你发生冲突的对手表现出放弃的迹象时，你应该选择马上打破对峙的局面，并迅速离开，而不是得理不饶人地非要将对方逼迫到悬崖边上，更不要怕别人在背后耻笑或辱骂你，你绝对不是胆小鬼。尽量避免肢体冲突，防止在街上与人打斗，是你最正确、最聪明的选择。因为任何形式的打斗，无论结局如何，都是一个充满危险性的行为。

希望大家明白，防身术并不是用耍酷的武术招式来击倒威胁你的人，只要能够保全自己或亲朋好友，就达到目的了。如果误解了学习防身术、格斗术的意义，可能会莽撞地利用自以为擅长的格斗技术去攻击对手，你可能会因为技不如人，而导致身体遭受重创，甚至失去宝贵的生命，也可能因出手过重、防卫过当而受到法律的惩戒。一念之差，能决定你后半生是生活在天堂还是地狱。

总之，在街头打斗绝对是一件非常不愉快的事情。逃跑并不丢人！

那么，说到这里，读者朋友们可能会问，既然这样我们为什么还要去学习格斗术？为什么还要继续将你写的这本书读下去？岂不是自相矛盾？

如上文所述，如果你面对的是即发性街头冲突，通过沟通和软化矛盾，基本上是可以解决问题，将大事化小、小事化了的。但是这种方式在应对那些蓄谋已久、目的明确的暴力威胁时，效果就极为有限了。对方不接受道歉，破财也无法免灾，比如抢劫、报复、性侵犯，没有办法回避。这种时候，你的心态要迅速进行调整，把自己置换到一种适合应对暴力攻击的状态下。

不激化矛盾，不刺激对方，并不等于消极承受、听之任之。如果那样，非但不利于解决问题，反而会助长对方的气焰，让其有恃无恐，最终使自己招致更大的侵害。在你命悬一线的时刻，千万不要犹豫、迟疑，要克服恐惧，果断出手，全力以赴地展开格斗。示弱和逃跑都无济于事，除了背水一战，别无他法，此刻展开格斗就是那最后的一根救命稻草。

最后，要提醒大家的是，进行街头打斗时要速战速决，不要纠缠不休。无论何时都要设法迅速脱离险境，即便眼前的对手已经被我们降服，也不要滞留在现场，因为很可能和我们发生冲突的人还有同伙和后援，他（们）可能随时手持武器出现在我们的面前，我们无法保证下一场战斗仍然是赢家，宁愿相信刚刚的胜利是侥幸，也不要再掀起另一场生死搏斗，明智的策略就是赶快离开现场，然后去通知警察来处理发生的一切。

PART 2

防御直拳攻击的方法

直拳是街头打斗中使用频率最高的一种攻击方式，动作简单、直接、迅速，具有高度的实效性和破坏力。

对于直拳攻击的防御方法其实比较简单，面对敌人直线攻击而来的拳头，我们挥舞手臂让对方肢体发生偏移即可达到避让拳峰的目的。在你选准了最佳防御方法和确定了格挡偏移方向的前提下，只需幅度很小的动作就足以让对方的重拳力量瞬间消于无形。

另外，由于直拳的攻击速度非常快，面对敌人咄咄逼人的袭击，我们也可以直接向后撤步闪避，或者在格挡的同时后退，还可以快速侧闪，让开对方的拳峰，并进入到他攻击手臂外侧位置，然后再进行有效的反击。

实战范例 ①

▲ 双方于街头发生口角，矛盾逐渐激化升级。对方突然发动攻击，以右手直拳击打我的胸部。我迅疾向右转身，及时避让来拳。同时，右手快速刁抓住对方右手腕部，并用力向右后方牵引。

▲ 旋即，在控制住对方右手手腕的前提下，身体骤然左转，带动右腿横向扫踢对方腹部。

▲ 右腿扫踢动作结束后，右脚迅速落地站稳，身体再向右转，带动左腿屈膝提起，借身体转动的惯性，以低鞭腿扫袭对手右大腿后侧，力达左腿胫骨。瞬间一击，可成功破坏对方身体重心的平衡，令其站立不稳。

▲ 对方双膝着地的一刹那，我乘胜追击，身体重心快速向前过渡，再度换右脚踢击对方的面颊。猝然一击，可令对方鼻口蹿血，并致其仰面向后瘫倒，后脑重重地撞在路边停靠的车辆上。

▲ 对方被我踢倒后，我可以对对方身体侧面再度发动攻击。抬起右脚自上而下狠狠地踩踏对方腹部薄弱位置，力达脚后跟。连续的踩踏可导致其内脏产生严重创伤。

实战范例 ②

▲ 街头冲突中，对方与我一言不合便突然上步出击，以右手直拳猛然攻击我的胸部。我迅疾向右转身，及时避让来拳。同时，右手快速刁抓住对方右手腕部，并用力向右后方牵引。

▲ 动作不停，身体继续右转，左脚顺势落步于对方右脚后方；同时左臂屈肘抬起，左手扳扣住对方后脖颈。

▲ 旋即，右脚向右后方移动一步，身体右转不停，左手扳紧对方后脖颈，借助身体转动之力，用力将对手推向身体右侧停靠的车辆上。

▲ 利用撤步、拧腰、转身的合力，带动左臂发力，瞬间可令对手身体重心失去平衡，迎面扑撞向街边的车辆，严重者可撞得头破血流。

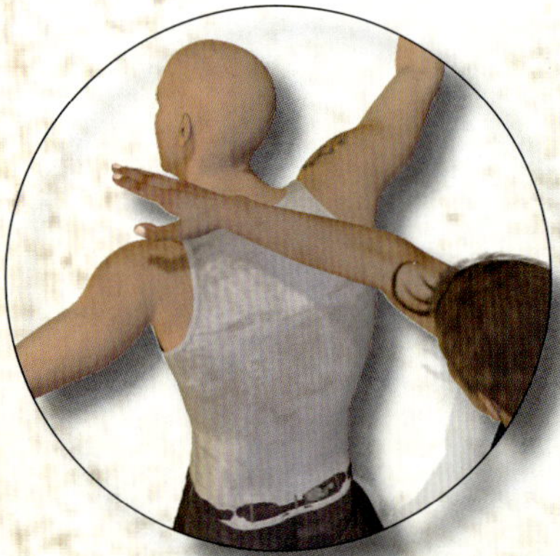

▲ 继而，可以挥舞右臂，以右手掌刃为力点横向抡砍对方脖颈左侧。人体颈部两侧分布有颈静脉、颈动脉和迷走神经，猝然一击，可令对手失去知觉，产生昏迷，但不至于死亡。

▲ 在对手被打得头晕目眩之际，我再骤然向左转动身躯，带动右臂屈肘，以肘尖为力点横扫其头部右侧。

▲ 肘击结束后，双手扑抓对方上体，牢牢地将其控制住，防止其逃脱。

▲ 然后身体右转，带动左腿屈膝提起，以膝盖为力点狠狠地冲撞对方后腰腰椎部位。

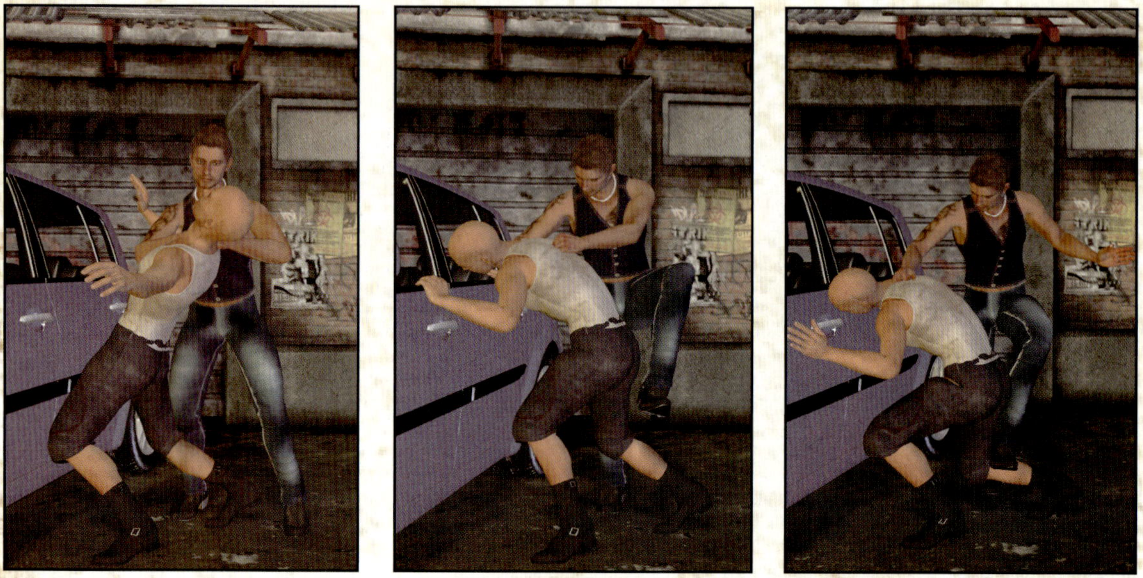

▲ 或者，在控制住对方上体的基础上，反复推搡，将其头部不断地撞向车身。也可以用左脚向下踩踏对方右腿膝窝位置，令其身体重心猝然下沉，跪倒在地。

▲ 进一步，左脚向左侧落步，双手抓住对方上体用力向左侧拖拽，令其仰面向后摔倒在地。

▲ 对方被我摞倒后，我可以对对方身体侧面再度发动攻击。抬起右脚自上而下狠狠地踩踏对方腹部薄弱位置，力达脚后跟。连续的踩踏可令其产生剧痛，而彻底屈服。

PART 3

防御摆拳攻击的方法

摆拳的动作幅度相较于直拳要大，打击力度也相对较大，是一种突破防线最有力的拳法，破坏性极强。街头斗殴中，身高体壮的家伙非常愿意使用这种拳法来主动发起攻击，先声夺人。自恃强悍的家伙们往往期求以一记凶狠的摆拳，就能够收到一锤定音的效果。

在防御摆拳攻击时，一般采用蹲身或者后仰等方法避开对方的拳峰。或者在体力充沛的情况下，直接用手臂向外格挡来化解危机。阻格动作要求及时准确，手臂触及对方攻击手臂的一刹那，可以顺势刁抓其手腕，然后迅速展开全方位的反击，上下肢并用，踢打结合，瞅准要害，连续出击，令对方疲于招架，而无再度出拳的任何机会。

实战范例 ①

▲ 双方发生冲突，对方挥舞右摆拳发动袭击。我迅速抬起左臂，自内向外拨挡对方右臂内侧，同时，右腿屈膝抬起，快速向前挺膝弹踢而出，以脚尖及脚背部位为力点猛踢对方裆部。

▲ 无论右脚是否踢中目标，都要在完成弹踢动作后，迅速向前落步，并猛然向左转身，利用拧腰转胯所产生的力量带动右臂屈肘横扫进攻，以肘尖为力点自右向左袭击对方下颌。

▲ 横扫肘是街斗中最为常用的攻击手段，在近距离格斗中，防范起来比较困难，具有较强的杀伤力和破坏力。这种肘法主要是贯穿来自转腰、合胯的强劲打击力去重创对手，因此只要是能命中目标就必会产生决定性的打击效果，快速进身发动袭击，瞬间可令对方轰然倒地。

▲ 对方倒地后，可以乘胜追击，移动脚步逼近对方，再用右脚蹬踢对方面颊，力达脚后跟。

实战范例 ②

▲ 双方于街头发生冲突，对方指手画脚，口出不逊，气焰嚣张。

▲ 矛盾逐步升级，对方突然挥摆左拳袭击我的头部，我迅即抬起右臂，自内向外拨挡对方左臂内侧，及时展开防御。

▲ 在右臂触及对方左臂、成功化解危机的瞬间，右手旋即翻腕刁抓住对方左臂腕部，力达指尖，将其牢牢攥紧。

▲ 动作不停，右手攥紧对方左腕，用力向右后方拉扯。同时身体左转，右腿屈膝抬起，然后猝然向右侧踹出，以脚底与脚掌外沿为力点猛踹对方腹部。

▲ 侧踹腿的特点是以侧身姿势应敌，利用展髋、挺膝以及腰部的力量带动发力。实战中朝对方腹部实施侧踹，可导致其内脏损伤，令其疼痛难忍，不由自主地俯下身去。

▲ 对方俯身弯腰的一刹那，我快速逼近，左手按住其后脖颈，并用右肘自上而下狠狠砸击其后心位置，沉肩坠肘，力达肘尖。

▲ 实施下砸肘时，身体重心配合手臂动作下沉，将整个身体的重量贯穿于肘尖，猝然一击，可令对手痛苦难忍，当场被砸趴下。

▲ 进一步，在对手被砸趴下，急于爬起来负隅顽抗时，我可以飞起右脚猛然扫踢对方后脑，予以致命一击，令其彻底丧失反抗能力。

▲ 一系列反击动作结束后，迅速向后撤身移步，远离对手，或逃离现场。

实战范例 ③

▲ 街头与仇家不期而遇，对方来势汹汹，我及时摆出防御姿势，提高警惕。

▲ 对方不断挑衅，突然率先以右手摆拳发动攻击，我迅速双腿屈膝，降低身体重心，低头俯身，及时躲避对方的拳锋。

▲ 对方拳头走空，由我头顶划过的一刹那，其头部会暴露在我的打击范围之内。我抓住战机，迅速提高身体重心，挺膝站直，同时身体骤然向右拧转，带动左臂自左向右快速挥摆，以左摆拳猛击对方右侧下颌，打他个措手不及。

▲ 动作不停，身体再向左转，用右手摆拳再度攻击对方面部，连续的摆击，可令其晕头转向，如果拳头够硬，甚至可以当场将其击倒在地。

▲ 如果对方还能勉强站立，就要在其身体踉跄的时候乘胜追击，飞起右脚连续踢击其裆部要害，切勿心慈手软。

▲ 对手生殖器遭受重创，其疼痛状态是可想而知的，势必会不由自主地弯腰俯身。如果你的腿部柔韧性足够好的话，可以将右脚高高向上扬起，悬于对方后背上方。

▲ 然后右脚骤然向下落下，以脚后跟为力点重重砸击对方后背，沉重的坠砸，可令其瞬间趴倒在地。

▲ 此时对手急于爬起来负隅顽抗，我可以屈膝抬起右脚，自上而下狠狠踩踏其后脑，令其无法在第一时间站起来，为自己逃离现场争取时间。

PART 4

防御勾拳攻击的方法

勾拳在击打时，肘关节弯曲约成90度角，屈臂自下而上出击，其形状酷似弯钩，故而得名。在街头打斗过程中，普通人大多只会运用直拳和摆拳发动攻击，而使用勾拳来打人的一般都是受过一些拳击训练的家伙。因为勾拳的技术动作相较于前两种拳法，具有一定的难度。勾拳在攻击时特别强调腰身的转动，通过身体的旋转来带动手臂出拳，才能发挥威力。

正因为这个特点，使得勾拳相较于直、摆拳而言，其出击速度要稍慢一些，并且预动明显，容易被察觉。

对于勾拳的防御，我们要在对方刚刚启动的瞬间，予以拦截，要有“提前量”的意识。要善于掌控防御的时机，准确地进行拦截，加上压制性的快速反击，才可以反被动为主动，获取最终的胜利。

实战范例 ①

▲ 与人在街头发生口角，对方突然用右手上勾拳袭击我的腹部。我立即向右侧闪身躲避拳锋，并用左小臂向左下方拨挂对方右手腕部。

▲ 旋即，左脚蹬地，推动身体重心向前过渡，同时腰身骤然左转，带动右臂屈肘快速上扬，以肘尖为力点自下而上挑击对方下颌。

▲ 如果对方及时抬头仰身，躲避开了我的肘击，我可以将右小臂伸直、内旋翻转，以拳轮为力点横向捶击对方右侧太阳穴。

▲ 无论右拳是否击中目标，接下来都要快速向右拧转身躯，同时抡动左摆拳再度击打对手右侧下颌。

▲ 动作不停，身体重心继续向前过渡，左脚随之蹬地向前弹踢而出，以小腿胫骨为力点自下而上袭击对方裆部要害。

▲ 对方生殖器一旦遭袭，将疼痛难忍，势必条件反射地俯身低头，我顺势用双手攀住对方脖颈，双手十指于其颈后交叉叠扣在一起。

▲ 在成功箍扼住对方脖颈的基础上，我上体骤然前冲，俯身低头，以前额为力点狠狠冲撞对方面门，令其瞬间鼻口蹿血。

▲ 趁对方晕头转向之际，我双臂箍紧对方脖颈，左脚向左后方撤步，身体大幅度左转，利用身体转动产生的离心力，可瞬间颠覆对方身体重心平衡，将其摞倒在地。

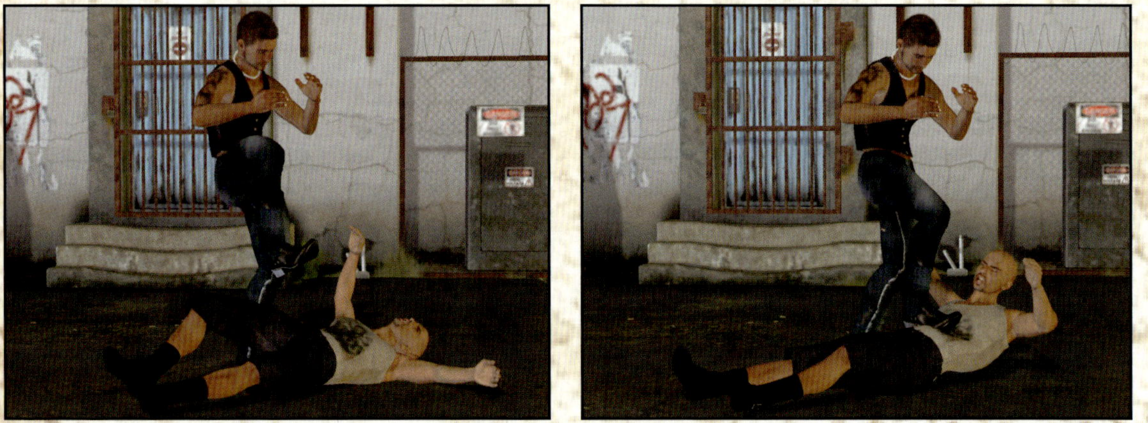

▲ 对方被摞倒后，我乘胜追击，由对方身体侧面以右脚狠狠地踩踏其腹部，予以重创。

实战范例 ②

▲ 双方在街头发生冲突，对方跃跃欲试，突然上步进身，以右手上勾拳袭击我的下颌。我迅速抬头仰身，躲避拳锋，同时抬起右臂，以小臂外侧为力点搪挡对方右小臂，以化解其攻势。

▲ 旋即，右臂外旋，右手顺势刁抓住对方右手腕部，用力向右下方拉扯。

▲ 几乎同时，飞起右脚，以脚尖为力点连续踢击对方裆部，打他个措手不及。

▲ 连续踢击后，右脚向前落步，左臂挺肘前冲，以左手指尖为力点猛戳对方眼睛。

▲ 戳击动作结束后，左手迅速向下扣抓住对方右小臂，代替右手控制住其右臂，将自己右手腾出来。

▲ 继而，身体骤然左转，带动右臂屈肘，自右向左横扫对方下颌，予以重创。

▲ 一系列重击后，再用右手扣抓住对方右手手腕，虎口向内，双手同时控制住其右小臂。

▲ 然后，右脚向后撤步，身体右转，双手同时用力翻拧对方右臂，令其因手臂腕、肘关节超出活动范围而被迫俯身。

▲ 对方俯身的一刹那，我身体继续右转，顺势高高抬起左腿，由其右臂上方跨过。

▲ 左腿跨过对方手臂后，背对对方，双腿屈膝，身体重心下沉，以臀部向后下方猛坐对方右侧肩胛骨部位，同时双臂向怀中揽抱，对其右臂实施关节降服，可令其因右臂脱臼而彻底屈服。

PART 5

防御翻背拳攻击的方法

翻背拳，也有人称之为“反背拳”或者“崩拳”，是一种弧线型进攻拳法，主要是挥动手臂以拳背为力点来打击目标。因手臂大幅度抡动的惯性所致，其打击力量比较大，速度快，突发性也很强。

这种拳法不同于直拳、勾拳那样具有明显的西洋拳击色彩，在传统的拳击比赛中也是肯定见不到的，但在街头打斗中，其运用频率却是非常高的，而且攻击效果也很好。

针对翻背拳的防御，要特别强调身体躲闪的速度，以及脚步移动的灵活性。对于来势凶猛的攻击，身法与步法配合协调，及时躲避对手的锋芒，是防御成功的关键，在此基础上实施的反击才能行之有效。

实战范例 ①

▲ 双方在街头发生口角，对方突然上步，挥舞右拳发动袭击，以翻背拳击打我的头部。我迅速闪身躲避，同时抬起右臂，以小臂尺骨部位为力点向外格挡对方攻击手臂外侧。

▲ 成功防御后，右手顺势翻腕向右下方拨压对方右手腕，同时身体骤然右转，利用腰髋转动之势带动左臂快速出击，以左手摆拳狠狠地击打对方下颌。

■ 动作不停，身体继续右转，左脚离地，再以左低鞭腿扫袭对方右腿膝窝部位，破坏其身体重心平衡，令其被动跪倒在地。

■ 此时乘胜追击，左脚落地站稳，身体再度快速左转，带动右腿横扫而出，以鞭扫腿袭击对方头部，可令其彻底仰面摔倒。

▲ 进一步，还可以在对方仰面朝天后，快速逼近，然后用右脚狠狠地踩踏对方右侧手臂。

实战范例 ②

▲ 街头打斗中，对手突然以左手翻背拳对我发动攻击。在对方进身出拳的一刹那，我迅速侧身抬起右脚，以低位侧铲踢偷袭对方下盘，以右脚脚底及脚掌外沿为力点侧踹其右腿膝关节位置。

▲ 一旦踹中其前腿，其势必站立不稳、重心下沉。趁其双膝下蹲之机，我右脚立即向前落步，逼近对方，并用双手死死抓扯住其上身衣服。然后，右脚大幅度向右后方撤步，身体骤然右转。

▲ 利用身体大幅度右转的动势，带动双手用力向右后方拉扯拖拽对方上体，可导致其脚步踉跄、重心不稳，被动向后仰面摔倒。

▲ 在成功将对手撂倒在地之后，可以抬起左脚，自上而下狠狠地踩踏其胸膛。

实战范例③

▲ 与陌生人在街头发生冲突，言语不合，对方突然挥舞右拳发动攻击，以翻背拳击打我的面部。

▲ 我迅速向右转身躲避拳锋，同时抬起右臂，用右手挡抓对方右手腕部，令其攻击受挫。

▲ 右手刁抓住对方右腕的一刹那，左脚向前移动半步，右手用力向右侧牵引其右腕，将其右臂拉直，同时以左掌猛推对方右臂肘关节外侧，猝然一击可令其肘关节遭受重创，甚至当即脱臼。

▲ 动作不停，身体突然左转，左手向左下方用力拨开对方右臂，扫清障碍的同时，以右手直拳猛击对方面门，打他个措手不及。

■ 进一步，还可以抬起右腿，屈膝以膝盖为力点冲撞对方裆腹部。或者，以右挑肘自下而上挑袭对方下颌。连续的攻击动作，可顷刻间将其掀翻在地。

▲ 在对方仰面朝天躺倒在地时，可以用右脚狠狠地踩踏对方右腿踝关节。

提高战斗力的方法

空击训练，俗称“影子拳击”，是指想象和敌人对打。通过这种训练，可以提高动作的协调发力能力、放松能力、技术体能，以及击打速度等，而且可不断巩固正确技术动作的动力定型，不断加强条件反射能力。假想空击时可以意识到什么应该进行修正，什么不该修正。许多专业格斗选手都将空击作为日常训练的一部分。

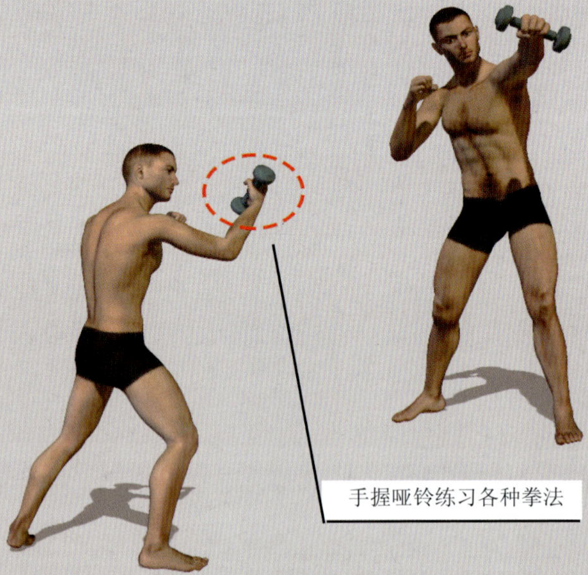

手握哑铃练习各种拳法

PART 6

防御腿脚攻击的方法

针对拳头的攻击我们基本上是用上肢来进行防御的，无外乎拨、挡、搪、架、格之类，手段实际很有限。其实，针对腿脚踢击的防御手段要远远比前者丰富得多。我们不仅可以用手臂来进行防御，而且还可以用腿脚来进行阻挡和截击。比如直接抬腿提膝来化解对手的前踢。由此可见，防御下肢攻击要比防御上肢攻击轻松许多。

另外，下肢展开的攻击，一般动作幅度都偏大，在速度上也要比上肢展开的攻击稍慢一些，留给我们的反应时间也相对充裕一些。因此，在对方起腿的瞬间，我们除了采用格挡、躲闪的策略外，还可以快速移动重心，将身体贴上去，直接以攻为守，破坏其身体重心，令其无从发力，从而达到削弱其攻击力度的目的。

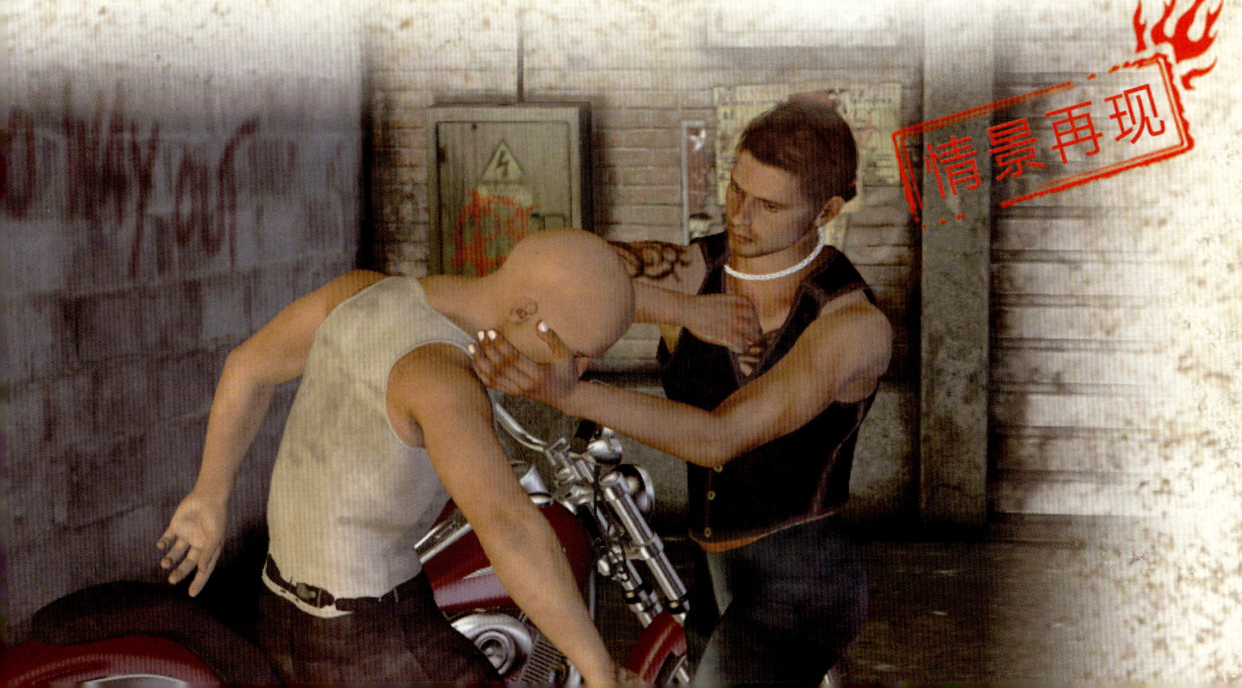

实战范例 ①

▲ 双方于街头发生冲突，对方恼羞成怒，突然抬起右脚朝我裆腹部蹬踹过来，来势凶猛。

▲ 我迅速屈膝抬起右腿，以小腿胫骨为力点磕挂对方小腿或胫骨外侧，迫使其偏离攻击目标。

▲ 在对方攻击动作落空、落步尚未站稳之际，我快速向前进身，双手自后向前扳住对方下颌，然后身体骤然左转，利用身体大幅度的转动带动手臂发力，用力向左下方拉扯拖拽对方的头颅，瞬间可将其撂倒在地。

▲ 进一步，在对方仰面摔倒后，我可再抬起右脚狠狠地踩踏其头颈。

实战范例 ②

▲ 双方发生冲突时，对方突然抬起右腿，意欲针对我的裆部要害实施弹踢攻击。我洞察秋毫，在对方起腿的一刹那，率先屈膝提起左腿，以膝盖为力点磕抵对方右腿膝关节下方，予以遏制。

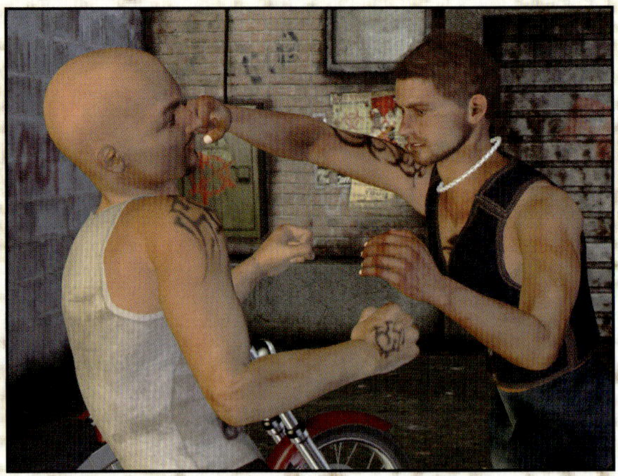

▲ 然后，左脚顺势向前落步进身，随着身体重心向前过渡，可依次用左直拳接右摆拳发动攻击。

▲ 或者直接借助身体前冲的动势，用双手扑抱对方的头颅，手掌夹住其脸颊，然后用双大拇指猛戳其双眼。

▲ 进一步，可用双手牢牢地揽抱住对方的后脖颈，然后上体后仰，抬起头颅，怒视对方。

▲ 动作不停，猝然向前俯身低头，以前额为力点狠狠冲撞对方面门，可令其瞬间鼻口蹿血。

▲ 紧接着，在双手攀住对方脖颈的基础上，再屈膝提起右腿，以膝盖为力点冲顶其裆部。

▲ 接二连三的击打动作将使对方只有招架之功，却无还手之力。我可乘胜追击，再以右横扫肘连续捣击对方头部太阳穴或者眼睛，令其顷刻间面目全非。

■ 在对方晕头转向，站立不稳之际，我进一步用双手揽住对方脖颈，身体骤然左转，将其拖拽摞倒在地。

■ 对方摔倒瞬间，我可以飞起右脚，以低鞭腿扫踢其头部，令其彻底丧失反抗能力。

PART 7

防御前冲扑抱的方法

美国是一个摔跤运动非常流行的国度，大多数初中、高中都开设有摔跤兴趣小组，甚至到大学时期许多人都已经成为职业摔跤手了。故而，在街头打斗中，我们经常遇到一些善于摔跤的家伙，也并不是什么意外的事情。

街斗中，一旦被对手摔倒在地，不仅会给我们的身体造成创伤，而且也可以使我们在精神方面感到屈辱，我们的进攻能力、防御能力、机动能力都将大打折扣，如果不能及时站起来，就难免不被拖入地面战斗阶段，恰巧我们又在地面缠斗方面存在技术短板，那样局面将于我们不利，尤其是当我们遭遇到多名敌人围攻时。

与对手之间保持一个恰当的距离进行格斗，是避免被其摔倒的首要条件。在格斗中，当你意识到对手正在寻找抱摔你的机会时，你要积极地移动脚步，调整彼此间的距离，来扰乱对方的进攻节奏，尽量不要让对方的手臂触及你的下肢。

另外，你也可以通过用手和手臂推阻对方的头和肩，甚至直接以出拳击打的方法，阻遏其进攻的势头和前进的动力，破坏他的攻击意图。实践证明，这也是一种非常有效地抑制对手发挥抱摔动作的好方法。

实战范例 ①

▲ 双方于街边发生冲突，对方突然降低身体重心，蹲身准备前扑我的双腿或腰身。

▲ 我迅速用双手推挡其双肩，及时遏制其前冲的势头，令其与自己保持一定距离。

▲ 然后，双臂屈肘，牢牢地夹持住对方的脖颈，并用力向下压制，令其被迫俯身低头。

▲ 旋即，在左臂控制住对方脖颈的基础上，挥动右臂，以右肘肘尖为力点自上而下连续钉砸对方后背，令其痛苦难忍。

▲ 或者，用双臂牢牢地压制住对方上体，右腿屈膝向前上方提起，以膝盖为力点直接冲顶对方面门，予以重创。

▲ 动作不停，右脚落步站稳，双手扶住对方上身，再以左脚蹬踢其裆部生殖器。

▲ 对方裆部遭袭后，势必因疼痛而弯腰俯身，在其低头的瞬间，我身体骤然左转，带动右臂快速出击，以右手上勾拳袭击对方下颌。

▲ 或者用右挑肘挑袭对方下颌，猝然一击可当场将对方掀翻在地，使其丧失进攻能力。

▲ 对方身体向后瘫软的一刹那，我可以向左拧转身躯，以右腿横扫对方的身体，推波助澜，令其轰然倒地。

▲ 对方仰面摔倒后，我可乘胜追击，再以右脚狠狠地踩踏对方的头颈。

实战范例②

▲ 小巷里，双方发生冲突，对方突然降低身体重心，蹲身准备前扑我的双腿或腰身。

▲ 对方前冲将至，我迅速用双手向前推挡其头颅，及时遏制其前冲的势头。

▲ 旋即，我用双手死死地抓住对方肩背部位的衣服，令其无法抽身退缩。

▲ 然后，身体猛然向右大幅度拧转，利用腰髋转动产生的力量带动双手使劲向右下方拉扯拖拽对方上体，瞬间发力可成功颠覆其身体重心平衡，令其脚步错乱、踉跄摔倒。

■ 对方仰面摔倒后，我可乘胜追击，再以右脚狠狠地踩踏对方的头颈，予以重创。

实战范例 ③

▲ 街头迎面遇见冤家对头，对方突然前冲，伸出双手欲扑抱我的双腿，对我实施抱腿摔。

▲ 对方迫近的一刹那，我立即抬起右腿，迎面踢击对方下颌，令其进攻意图落空。

▲ 对方下颌遭创，势必双手护头，而暴露下盘，我可趁机再以右脚踢击其裆部。

▲ 对方裆部生殖器被踢所产生的剧痛，会导致其不由自主地俯身弯腰，我可乘胜追击，快速逼近对方，挥舞右臂展开新一轮的进攻。

▲ 动作不停，右臂自上而下挥舞，以右手掌刃为力点劈砍对方后脖颈，此一击势如破竹，可当即将其劈倒在地，甚至瞬间丧失知觉。

▲ 对方扑倒的瞬间，我可以飞起右脚猛踢其头部，令其再无爬起来的机会。

PART 8

防御推搡攻击的方法

在街头经常会上演这样一幕情景，就是冲突的双方由于情绪激动而互相推搡。其实，用双手推搡对方的身体，并不会给对方带来什么真正意义上的伤害，只不过是一种宣泄愤怒的手段，这种举动基本上是下意识驱动的，甚至是不由大脑支配的。

面对这种下意识不由自主的攻击行为，如果你的头脑是理智的、清醒的，是完全可以从容应对的。往往用双手轻轻地一拨，就可以化解危机。需要注意的是，一定要掌握防御的时机，切忌被对方用双手抓扯住你的衣领或者胸襟，那样局面将会很被动。对于来自背后的推搡行为，更是需要及时感知，迅速反应，避免被穷凶极恶者推倒在地。

实战范例 ①

▲ 与人在街头发生冲突，对方突然伸出双手朝我胸前猛推。我双臂屈肘内旋，双手迅速由对方双臂内侧向两边拨挡其双腕，以化解对方的攻击动作，令其前推之力瞬间消于无形。

▲ 旋即，左脚向前快速上步，右脚向后蹬地，推动身体重心向前过渡，并连续以左右手直拳击打对方头部，令其猝不及防。

▲ 动作不停，我身体重心继续向前过渡，右腿顺势向前踢出，以右脚脚背为力点袭击对方裆部要害。

▲ 对方裆部被踢后，会不由自主地俯身弯腰，我迅即用左手扳揽住对方后脖颈。

▲ 继而，身体猛然左转，带动右臂屈肘横扫而出，以肘尖为力点猛击对方下颌。

▲ 紧接着，双臂向前伸展，双手一并攀揽住对方的脖颈，并用力向下拉扯。

▲ 在双手牢牢地控制住对方脖颈后，右腿屈膝用力向上冲顶对方裆腹部。

▲ 膝击动作结束后，双手攀住对方脖颈不放，右脚向右后方落步。

▲ 右脚落步的同时，身体大幅度右转，带动双手用力向右后方拉扯拖拽对方的脖颈，周身协调发力，瞬间可将对手摞倒在地，令其后脑重重地磕撞在街边停放的摩托车上。

▲ 对方倒地后，我身体右转不停，左腿屈膝提起，借身体转动之势，以左低鞭腿横扫对方头部。

▲ 攻击动作结束后，迅速向后撤步，与对手拉开距离，或者干脆转身逃离现场，千万不要继续恋战。

实战范例 ②

▲ 我在街头停放摩托车的时候，仇家悄然出现在我身后，并用双手猛推我的后背，欲出其不意地将我推倒。

▲ 背后有人偷袭，我及时察觉，在对方双手触及我后背的一刹那，骤然向右转身，并抬起右臂，屈肘向后拨挡对方右臂。

▲ 身体右转动作不停，右臂成功化解对方攻势的同时，右手翻腕，顺势向下压制对方右臂，为实施反击扫清障碍。

▲ 旋即，借身体右转之动势，以左手摆拳猛攻对方左侧脸颊。

▲ 动作不停，身体左转，带动右臂出击，再以右手摆拳击打对方左侧脸颊。

▲ 连续的重拳出击，可轻松将对手撂倒在地。

提高战斗力的方法

击打沙袋是提升击打能力最有效的训练方法，而且坚持一段时间后，击打部位的骨密度也会随之加强，从而使拳脚硬度倍增，攻击威力显著。正确的击打沙袋训练，也会使你的格斗水平与日俱增。故而，世界上无论哪种格斗体系、门派，都将击打沙袋的训练作为最基本的功力提升手段。

击打沙袋时精神要集中，假设沙袋就是对手，以培养实战意识

PART 9

如何应对背后尾随者

在街上独自行走时，经常会遇到被人跟踪、尾随的情况，尾随者会在自认为时机和场合恰当的时候，突然蹿过来发动攻击。

在自己不熟悉的环境里，感觉到被尾随了，首先要尽可能地寻找安全避难所，如警局、医院、银行、酒店等配备安保措施的场所。总之，尽量朝人流多、灯光明亮的地方去，同时及时拨打报警电话，寻求帮助。

如果时间不允许你这样做，那就要在察觉对方进攻意图的一刹那，立即展开反击，而且出手必须果断，毫不留情。

附带建议，平常我们可以养成快步走的习惯，即能起到强身健体的作用，关键时刻也能够迅速摆脱恶意跟踪者。

实战范例

▲ 街头行走，突然发现背后有人跟踪。对方迫近的一刹那，我迅速向右转身，屈膝抬起右腿。

▲ 旋即，右腿向身体右后方伸展，挺膝展髋，用右脚狠狠地蹬踹对方腹部，力达脚底。

▲ 一脚侧踹，威力巨大，可令对手踉跄着后退数步而仰面跌倒。

▲ 对方四仰八叉摔倒后，我快速逼近，再用左脚猛踢其裆部。

■ 进一步，可以调整脚步，在适当位置上用右脚狠狠地踩踏对方胸腹部。

PART 10

针对搂肩要挟的防御与反击方法

在一条阴暗街巷里，一个陌生人突然由你身体侧面逼近，并用一条手臂搂住你的肩膀，其目的绝对不会是单纯地向你表示友好，如果他不是一个酩酊醉汉，那他必然是一名穷凶极恶的劫匪。此刻，你的第一反应就是，无论他的目的是什么，都要迅速摆脱他那条搭在你肩头上的手臂，千万不要等到对方的手臂死死地锁紧你脖颈的那一刻才采取行动。

挣脱的手段尽量采用快速简单的动作，瞄准对方的要害部位，予以致命一击。摆脱对方的纠缠后，立即与其拉开一定距离，可以继续连续对其展开踢打，也可以迅速逃离现场，总之不要傻傻地站在那里发愣就是了。

情景再现

实战范例

▲ 街头遭遇歹徒劫持，对方用右手搂住我的肩膀，要挟恫喝，命令我交出财物。

▲ 我可以先与之语言沟通，假意顺从，并将左臂屈肘向上抬起。

▲ 然后，在对方精神松弛的时候，突然将左臂向下、向左后方挥摆，以左手拳轮为力点狠狠敲击对方裆部，连续的敲击可迫使对方向前俯身。

▲ 在对方俯身低头的一刹那，我左臂再骤然屈肘上扬，以左手大拇指向左后上方撩戳对方眼睛。

▲ 左臂攻击动作结束后，立即由对方右肩上方绕至其背后，顺势扳揽住其左侧肩头，同时用右手卡掐住对方咽喉，令其呼吸困难。

▲ 动作不停，左脚向左后方背步，身体猛然大幅度左转，右手掐住对方喉咙，随身体转动一并用力向左下方推抵，周身协调动作，瞬间可将对方撂倒在地。

▲ 对方身体重心失衡，向后仰摔时，其后脑有可能撞击到街边停泊的车辆等障碍物上，这将给其大脑造成严重的创伤。

▲ 对方被摞倒后，我可以飞起右脚，以低鞭腿扫袭对方头部，再度予以重创。

提高战斗力的方法

俯卧撑可以使你的前锯肌群较多地参与到运动中，以起到保持身体平衡的作用。前锯肌在攻击时起到帮助手臂向前发力的作用，针对该部位的强化训练，可以直接提高拳头出击时的爆发力。俯卧撑的训练方式有很多种，比如拳卧撑、俯卧撑击掌、单臂俯卧撑等等。在掌握基本技术要领后，可以逐步加大难度。

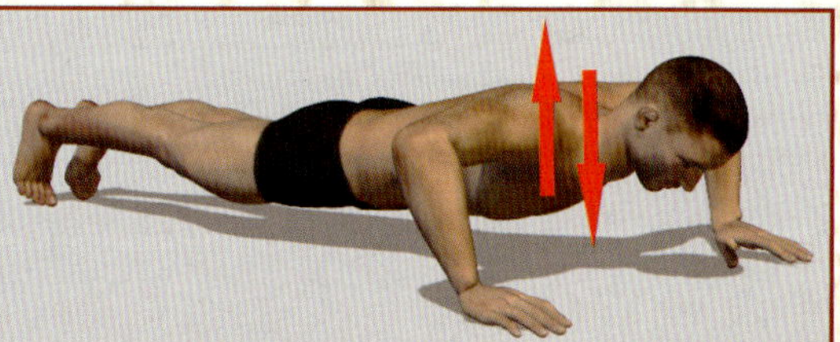

日常训练中，为了加大难度，最简单的方法就是将重物放置于后背上

PART 11

针对抓扯头发的防御与反击方法

在街头打斗中互相撕扯头发是非常多见的情况，大家都不会认为这种行为是可耻的，好像冲突的双方已经达成共识，只要能够取得胜利，可以不择手段，尽管这种手段看上去有些“娘”。

头发被抓扯，其实是件比较不愉快的事情。首先，头部被对方牵制，会严重影响你的视线，无法正确判断对方的攻击意图。一般情况下，头发被抓住后，对方都会用力进行拖拽、拉扯。对手抓扯你的头发主要有两种意图，其一是要将你拖倒在地，另外一个目的就是抓住你的头发后，实施进一步的打击，比如最常见的也是最凶险的攻击方式就是用膝盖攻击你，或者用另一只手卡掐你的咽喉。如果不及时摆脱，你就会始终处于被动挨打的局面。

实战范例 ①

▲ 双方发生冲突，对方用右手抓住我的头发用力撕扯，同时挥舞左拳准备击打我的头部。

▲ 我迅速抬起右手，直臂前冲，以指尖为力点迎面猛戳对方眼睛，令其无法顺利进攻。

▲ 动作不停，身体骤然右转，带动左臂屈肘攻出，以左手上勾拳袭击对方胸腹部。

▲ 紧接着，身体再向左转，以右手直拳狠狠地击打对方的裆部，力达拳锋。

▲ 一系列反击动作结束后，对手疲于招架，右手抓扯我头发的力度势必会削减。我趁机屈肘抬起左臂，向头部左上方举起，置于对方右小臂上方。

▲ 旋即，身体迅速右转，左臂随之用力向右下方砸压对方右小臂，力达左臂尺骨，猝然发力，可顺利摆脱对方右手对我头发的抓扯。

▲ 动作不停，身体再度左转，带动右臂屈肘自右向左横扫，以肘尖为力点扫袭对方胸腹部。

▲ 进一步，可以快速调整脚步，移动至对手背后，伺机发动新一轮的攻击。

▲ 潜至对方背后的一刹那，立即伸出双臂，用双手扳揽住对方的头颅。

▲ 然后，身体骤然右转，右脚向右后方背步，利用身体大幅度的转动带动手臂发力，用力向右下方拉扯拖拽对方的头颅，瞬间可将其撂倒在地。

实战范例 ②

▲ 我在街上行走，仇家身后尾随，突然靠近我，用右手抓扯我的头发。感觉到对方手指触碰我头发的一刹那，我立即向左转身，左脚向左后方撤步，落脚于对手右脚后方。同时左臂由对方右侧腋下穿过，绕至对方背后，并用左手搂住其左侧肩臂。

▲ 旋即，以右手掌根为力点猛推对方鼻子根部，令其疼痛难忍。

▲ 继而，右臂屈肘扬起，准备进一步展开更猛烈的攻击。

▲ 接下来，可以用右拳连续狠狠地敲打对方的裆腹部。

▲ 针对对方裆部的一连串击打后，右手顺势掏抓住对方的生殖器。同时左臂抬起，左手由对方背后抠抓其面颊。

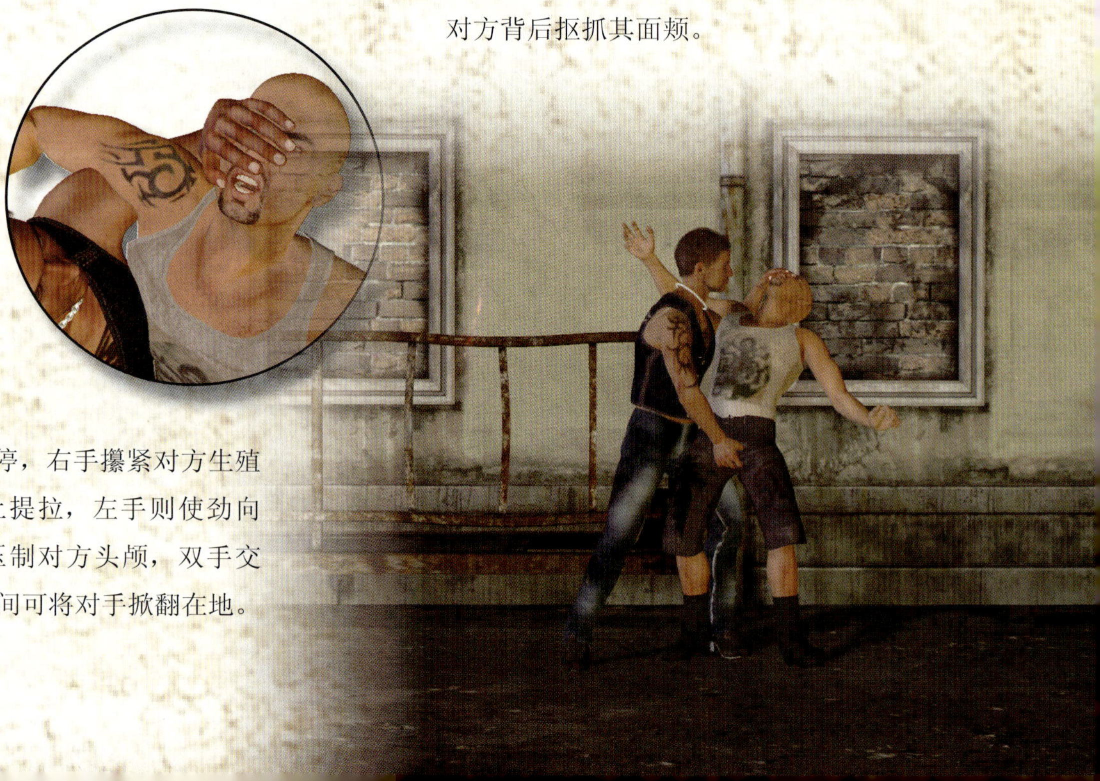

▲ 动作不停，右手攥紧对方生殖器用力向上提拉，左手则使劲向左后下方压制对方头颅，双手交错发力，瞬间可将对手掀翻在地。

■ 对方被摞倒后，我可以乘胜追击，逼近对方，抬起右脚狠狠地踩踏对方的胸腹部，令其无法翻身爬起。

PART 12

摆脱抱腰的方法

抱腰这个动作通常是不会给予身体造成什么直接伤害的，但是被抱者的行动会受到极大的限制。对手将你抱起来的目的大多是为了将你撂倒，或者将你挟持到别处，此刻无论是进攻还是防守，你都是被置于极其被动的状态下了。

尤其是由背后发动的偷袭，不易被我方察觉，所以其危害性就更大一些。后背实施抱腰相较于正面攻击更便于将你双脚提离地面，更容易破坏你的身体重心平衡，你面临被摔倒的可能性更大。另外，由于人体生理构造的限制，被抱住一方的视线无法全面真切地洞悉背后攻击者的状态和举动，特别是在双臂被一并束缚的时候，你打算击出一记有力的重拳是比较困难的，你会陷入无休无止的纠缠之中，因此必须迅速采取措施进行摆脱。

实战范例 ①

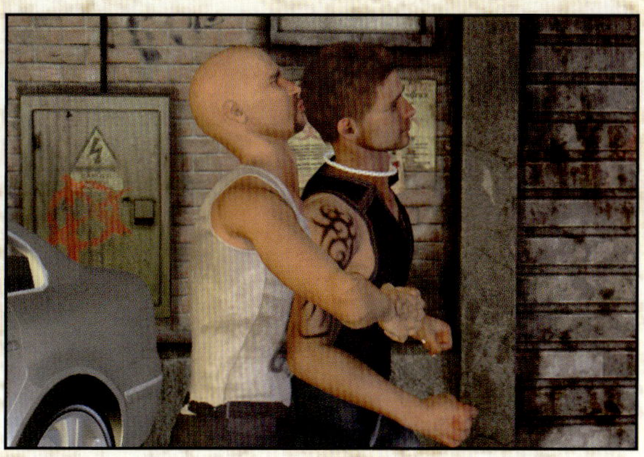

▲ 街头行走时，突然有人由我背后展开偷袭，连同我双臂一并锁抱住。我迅速双腿略屈膝，降低身体重心，上体前俯，做向前挣脱之势。对方为确保继续控制住我，势必会收紧双臂随我俯身。在其略一低头之际，我再骤然挺身仰头，以后脑为力点狠狠地撞击其面颊、鼻子部位，瞬间发力，可令其鼻口蹿血。

▲ 对方面部遭重创后，会因疼痛而不由自主地向后仰头，我可趁机再挥舞右臂，以右手拳轮为力点连续捶击对方裆部要害。

▲ 继而，右脚向后蹬地，推动身体重心前冲，上体前俯，双臂随之向前伸展，使双肩撑圆，用力撑开对方环抱的双臂。

▲ 动作不停，俯身弯腰，双臂由两腿间穿过，向后伸展，用双手抄抱住对方左脚脚踝。

▲ 双手攥紧对方脚踝，猛然用力向上提拉，可导致对方身体重心失衡，被迫向后仰躺，重重地跌摔在地。

实战范例 ②

▲ 与仇家于街头不期而遇，对方突然发动袭击，伸出双臂将我身体连同手臂一并环抱住，并牢牢地扼紧，彼此身躯紧贴在一起。

▲ 我迅即向后仰身抬头，然后以迅雷不及掩耳之势猛然低头前冲，以前额狠狠地磕砸对方鼻梁，可当即令其鼻口蹿血。

▲ 旋即，我右脚向后撤步，双手一并推撑对方两侧胯部，同时身体重心下沉，臀部后缩，为下一步的反击动作展开一定的空间。

▲ 随后，右腿屈膝提起，以膝盖为力点前冲，直击对方裆部生殖器，予以重创。

▲ 进一步，身体左转，带动右臂屈肘自右向左横扫而出，以肘尖为力点扫袭对方左侧太阳穴。

▲ 肘击动作结束后，双臂前伸，双手顺势攀揽住对方后脖颈。

▲ 继而，身体骤然大幅度左转，左脚向左后方撤步，利用身体转动产生的离心力，可瞬间颠覆对方身体重心平衡，将其摺倒在地。

▲ 对方倒地后，我可乘胜追击，抬起右脚狠狠地踩踏对方的胸腹部。

▲ 一系列反击动作后，敌人再无还手之力，我要迅速与对方拉开距离，或者逃离现场。

实战范例 ③

▲ 街头冲突中，对手由正面将我拦腰抱住，欲将我扭摔在地上。

▲ 我迅速向后仰身，同时双臂向两侧伸展，双掌张开。

▲ 动作不停，双臂一并向前挥舞，以双掌同时夹击对方双耳，力达掌心，双掌突袭产生的气浪可瞬间击穿对方耳膜。

▲ 继而，双手顺势揪抓住对方两只耳朵，并用力向下拉扯。

▲ 双手揪住对方两只耳朵后，可以出其不意地向前冲头，用前额冲撞对方鼻梁。

▲ 随即再以右腿膝盖冲顶对方裆部要害。

▲ 紧接着，左手扳揽住对方后脖颈，右手以掌根为力点卡抵住对方鼻子根部，双手牢牢地控制住对方的头颅。

▲ 然后，左脚向左后方撤步，身体骤然大幅度左转，利用身体转动产生的离心力，带动双手裹挟对方头颅一并旋转，可瞬间颠覆对方身体重心平衡，将其摞倒在地，同时会致其颈关节创伤。

▲ 对方倒地后，可由其身体侧面抬起右脚狠狠地踩踏其胸腹部，令其彻底屈服告饶。

PART 13

针对抓扯单臂的摆脱与反击方法

街头发生肢体冲突时，对方用双手抓住你一条手臂的目的，一般都是要通过用力拉扯拖拽来破坏你的身体重心平衡，或者是为了将你拖拽到一个更加危险的环境中，比如空旷的房间、黑暗的小巷、卡车里面等，对你实施劫持和绑架。

由于对方双手合力作用于你单臂之上，其拖拽的力量会比较大，如果我们没有充分的准备，很容易被对方拽倒，或者对你手臂各关节形成脱臼一类的创伤。这就要求我们在面对这种局面时，做到及时反应，果断行动，及早摆脱控制，变被动为主动。

实战范例 ①

▲ 街头遭遇歹徒纠缠，对方用双手抓住我的左臂，并用力向后拉扯，欲将我拖到阴暗角落里去。

▲ 在对方拉扯力量较大的情况下，不要执意与之对抗，那样只会更加消耗自己的体力，得不偿失，甚至会导致手臂关节脱臼。明智的对策是，顺应对方的拉力，身体重心随之向前移动，以缓解左臂被拉扯的疼痛。几乎同时，可以飞起右脚狠狠地踢击对方裆部。

■ 对手裆部遭袭后，势必俯身弯腰，双手护裆。我可以迅即向前逼近，身体左转，带动右臂屈肘出击，以右手上勾拳挑打对方下颌。

▲ 如果一击勾拳没能将对方掀翻在地，则立即降低身体重心，双腿屈膝下蹲。同时双臂屈肘由对方双腿外侧抄抱住其双腿膝窝上方，俯身低头，颈部左侧贴近对手腰部左侧，左肩抵住对方小腹位置。

▲ 旋即，身体重心前移，双手用力向上提抱，以左侧肩头向前推抵对方腰腹部，周身协调发力，瞬间可以颠覆对方的重心平衡，而将其仰面掀翻在地，令其后脑狠狠地撞击到街边电线杆上。

▲ 对方摔倒后，急于爬起来时，我可以用双手按住其头顶，右腿随之屈膝前冲，以膝盖为力点迎面冲撞其面门。

▲ 迎面冲膝，威力更加巨大，可以再度将对方掀翻，瘫软在地，彻底丧失反抗能力。

实战范例②

▲ 街头遭遇歹徒纠缠，对方用双手抓住我的右臂，并用力拖拽。

▲ 我立即屈膝抬起右腿，然后猝然向右侧踹出，以脚底与脚掌外沿为力点猛踹对方前腿膝关节，迫使其放开对我手臂的拉扯。

▲ 针对对手下肢一击侧踹，可以当即令其跪倒在地。

▲ 我趁机快速逼近对方，飞起左脚猛踢其胸腹部。

▲ 动作不停，左脚踢击结束后，左脚向前落步，左手按住对方头颅，双腿屈膝下蹲，身体重心骤然下沉，同时上体左转，右臂屈肘随之下砸，以肘尖为力点狠狠地砸击对方后心。

▲ 右臂沉肩坠肘，猝然一击，可当即将对方砸趴下。

▲ 进一步，可以抬起右脚，连续踢击对方面颊，予以重创。

实战范例 ③

▲ 双方发生冲突时，对方情绪激动，突然用左手抓住我的右手手腕，并准备用右拳对我发动攻击。

▲ 我迅速将右臂屈肘抬起，右手外旋，使掌心朝上。同时左臂挺肘前冲，以左掌指尖为力点猛戳对方咽喉。

▲ 动作不停，右臂用力屈肘挣脱对方左手的抓握，同时用左掌猛砍其左腕内侧，双手同时发力，可轻松摆脱对方的抓扯。

▲ 右手成功挣脱出来后，给对方一巴掌。

▲ 旋即，用双手攀揽住对方的后脖颈，用力向怀中拉扯。

■ 在尽量缩短彼此间距离的前提下，可以猛然前冲，以前额冲撞对方鼻子。然后再用右腿膝盖冲顶其裆部，继而身体左转，以右横肘扫袭对方下颌。

■ 或者，也可以在用双手牢牢地控制住对方脖颈后，身体骤然大幅度左转，左脚向左后方撤步，利用身体转动产生的离心力，可瞬间颠覆对方身体重心平衡，将其撂倒在地。

▲ 对方被我摺倒后，我可以由对方身体侧面再度发动攻击。抬起右脚自上而下狠狠地踩踏其头颈，力达脚后跟。连续的踩踏可令其产生剧痛，而彻底屈服。

实战范例 ④

▲ 迎面遇见歹徒，对方用右手抓住我的右手腕部，用力拉扯。

▲ 我迅速将右臂屈肘向上抬起，迫使对方右手随我一并抬起。

▲ 动作不停，右小臂快速向右侧摆动，针对对方右手腕关节形成压力。同时抡动左臂，以小臂尺骨为力点自左向右劈砸对方右小臂。双臂同时发力，可瞬间挣脱对方的抓扯。

▲ 继而，左臂内旋，向左下方拨挂对方右臂，扫清障碍的同时，以右拳猛击对方裆部。

▲ 击打动作结束后，右臂向上屈肘，以肘窝挎揽住对方右大臂位置，对其右臂形成牵制。

▲ 旋即，身体猛然右转，左脚朝对方身后迈步，迅速移动至其后背。

▲ 潜至对方身后，立即用双手搂抱住对方的腰身。

▲ 动作不停，身体继续向右转动，带动双手拖拽对方身躯，利用身体转动产生的离心力，可瞬间颠覆对方身体重心平衡，将其撂倒在地。

实战范例 ⑤

▲ 街头遭遇歹徒纠缠，对方用双手抓住我的右臂，并用力向后拉扯，欲将我拖到阴暗角落里去。

▲ 我迅速将右臂屈肘抬起，右手外旋，用力挣脱对方双手的抓握。同时，抡动左臂以尺骨为力点自上而下砸击对方双小臂，猝然发力，可轻松摆脱对方的抓扯。

▲ 右臂挣脱出来后，立即以右掌向前猛推对方鼻子根部，予以反击。

▲ 紧接着，双臂向前伸展，双手顺势攀揽住对方后脖颈，并用力向怀中拉扯。

▲ 在尽量缩短彼此间距离的前提下，可以猛然前冲，以前额冲撞对方鼻子。

▲ 动作不停，右脚向后蹬地，左腿屈膝前冲，以膝盖为力点冲顶其裆部生殖器。

▲ 左腿攻击动作结束后，左脚向身体左后方落步，身体骤然左转，带动双臂箍扼拖拽着对方的脖颈，利用身体转动产生的离心力，可瞬间颠覆对方身体重心平衡，将其摞倒在地。

▲ 进一步，在对手倒地后，可以快速逼近，再用右脚蹬踢其下颌。

PART 14

针对抓扯双臂的摆脱与反击方法

双手抓扯双臂，具体可以分为正面双手抓扯和背后双手抓扯两种情况。对方抓扯你双臂的目的一般是要对你进行纠缠和控制，此刻其发动拳脚攻击的可能性较小。同样，由于你的双臂同时受到牵制，你也很难发动有效的攻击，而且防御能力也将大打折扣，你的技术动作同样会受到限制。

相对于单手被抓扯而言，针对双手被控制的脱解要困难一些，要求被动一方要具备良好的格斗基础，力量、速度等方面的基本素质也相应地要求高一些。

情景再现

实战范例 ①

▲ 街上与人发生冲突，对方情绪激动，用双手攥住我的双腕，用力向后拉扯。我双手一并向两侧摆动，同时身体重心前移，猛然以前额冲撞对方面门。

▶ 紧接着，双手张开，双臂屈肘外旋，快速向上扬起，迫使对方双手随我运动，令其手心朝上。

▲ 旋即，双手内旋，翻腕刁抓住对方双手腕部，并用力向身体两侧拉扯。

▲ 几乎同时，右腿抬起向前踢出，以小腿胫骨为力点袭击对方裆部。

▲ 针对裆部的踢击，会导致对方双手护裆而俯身低头，我可趁机以右手直拳攻击其下颌。

▲ 继而，身体骤然左转，使身体侧面朝向对手，然后屈膝提起右腿。

▲ 动作不停，右腿快速向右侧挺膝踹出，以脚底为力点攻击对方腹部。

▲ 一击凶狠的侧踹，可以瞬间将对方踹出数米之远，仰面摔倒在地。

▲ 对方准备翻身爬起时，我可以用脚狠狠地踩踏其脚踝，令其无法顺利站起来。

实战范例 ②

▲ 街边行走，仇家在我身后跟踪，突然伸出双手抓住我的双腕，并用力拖扯。

▲ 在保持身体重心平衡的前提下，我迅即屈膝抬起右腿，脚尖向上勾起。

▲ 动作不停，右腿猝然向身后蹬出，以脚后跟为力点蹬踢对方右腿膝盖下方。

▲ 右脚准确的踢击，可以有效地遏制对方的攻击意图，令其双手放松对我的抓扯。

▲ 继而，我右脚落地，身体快速右转，右小臂屈肘外旋，向右侧摆动，针对对方右手腕关节形成压力。

▲ 几乎同时，抡动左臂，以小臂尺骨为力点自左向右劈砸对方右小臂，可瞬间挣脱对方的抓扯。

▲ 紧接着，左臂内旋，向左下方拨挂对方右臂，扫清障碍的同时，以右拳猛击对方裆部。

▲ 击打动作结束后，右臂向上屈肘，以肘窝挎揽住对方右大臂位置，对其右臂形成牵制。

▲ 旋即，身体猛然右转，左脚朝对方身后迈步，迅速移动至其背后。

▲ 潜至对方身后，立即用双手搂抱住其腰身，右脚随之向右后方背步。

▲ 动作不停，身体继续向右转动，带动双手拖拽对方身躯，利用身体转动产生的离心力，可瞬间颠覆对方身体重心平衡，将其撂倒在地。

PART 15

摆脱翻拧手臂的方法

实战中，如果一条手臂被对方控制住，除了用力拖拽以外，有的时候对方还会通过翻拧手臂来实施擒拿，最终达到降服我方的目的。一旦手臂被对方翻拧到背后，活动范围超过了生理极限，肘肩关节都会遭到不同程度的创伤，就会产生难以忍受的剧痛，后果不堪设想。

遭遇这种情况时，要及时反应，果断行动，及早摆脱控制，变被动为主动。但摆脱控制时要尽量顺势而为，绝不能与对方翻拧手臂的力量抗衡，不要硬往回挣脱手臂，那样很容易造成关节脱臼，应该先采取相应措施缓解对方对我方拉扯的力度，然后再趁机逃脱。

快速地针对对方的要害部位进行攻击，是摆脱这种困境的最好方法，因为对方双手都作用于你的一条手臂上，这样无形中削减了他的防御能力。

实战范例 ①

▲ 与人在街头发生冲突，对方突然用双手抓住我的右手，并用力翻拧，欲对我实施擒拿降服。由于对方在力量上胜我一筹，所以不要与之硬顶，而应顺应他的力量，向左侧转动身躯，以化解、衰减其翻拧手臂的力量。

▲ 身体左转的同时，右腿屈膝提起，脚底朝向对方。

▲ 旋即，右腿突然挺膝，以脚底为力点朝右后方踹出，猛蹬其腰腹部。

▲ 右脚蹬踹动作结束后，落地站稳，身体继续左转，左脚随即抬起。

▲ 身体转至左侧朝向对方时，左脚猝然水平踹出，以左侧踹腿再度攻击对方中盘。

▲ 连续两次猛烈的踹击，可顷刻将对方踹倒在地，并成功摆脱他的控制。

▲ 对方跌坐在地后，急于起身继续反抗，我当仁不让，再以右低鞭腿扫袭其头部，令其彻底瘫软下去。

▲ 进一步，逼近对方，抬起右脚，自上而下狠狠地踩踏对方裆部，予以重创，令其彻底屈服，再无反抗能力。

实战范例 ②

▲ 街角处，双方发生冲突，对方突然抓扯住我的左手，用力翻拧，欲将我的左臂翻拧至背后。在左臂肩、肘、腕关节产生疼痛的情况下，我要顺应其发力方向，将身体向右侧转动，以减轻痛苦。

▲ 动作不停，右脚向右后方背步，身体继续右转，带动右臂屈肘向身体右后方摆扫，以肘尖为力点扫砸对方右侧太阳穴。

▲ 转身后扫肘可以连续攻击，击中对方头部时，对手会俯身躲避，我则可以再以右肘砸击其肩背，令其疲于招架，从而不得不放开双手对我的控制。

▲ 身体右转不停，面对对手时，迅速用双手抓扯住他的上身衣服，然后抬起左脚猛力蹬踹其右腿膝关节外侧，可以成功破坏其身体重心平衡。

▲ 随即，左脚向左外侧落步，双手攥紧对方上身衣服用力向左侧拖拽，可轻松将其摞倒在地。

▲ 对手被摺倒后，为了防止其再度爬起，我可以移动至其身体侧面，用右脚连续狠狠地踩踏其腹部，予以重创，令其彻底丧失反抗能力。

PART 16

摆脱抓扯胸襟的方法

抓扯胸襟的行为一般都是在对方情绪比较激动的情况下发生的，对方可能在抓扯你胸襟的同时对你进行推搡。

抓扯胸襟这种举动，表面看起来冲突比较激烈，但实际上其威胁和伤害程度并不高，摆脱和反抗起来也比较容易。正是由于这是对方的冲动之举，其情绪波荡起伏的同时，往往一并丧失了防御的意识和能力。我们采用技术动作来摆脱对方纠缠的一刹那，一般都可以非常顺利地展开反击，而且攻击动作的命中率也会非常高。

实战范例 ①

▲ 街角处与人发生冲突，对方实施挑衅，恼怒地将我逼到墙边。

▲ 对方突然用双手捋抓我的胸部衣襟，并用力进行推搡。

▲ 在后背被推抵到墙上时，我迅速将双臂向上抬起，置于对方双臂上方。旋即，双腿屈膝，身体重心骤然下沉，双臂随之屈肘下坠，以肘尖为力点向下磕砸对方双小臂位置，迫使其臂肘弯曲。

▲ 对方双手放松的一瞬间，我双臂内旋，双手同时自内向外拨挂对方双腕，令其彻底松开双手。

▲ 在成功摆脱对方纠缠后，我左脚蹬地，推动身体重心向前过渡，右臂快速前冲，以右手指尖为力点猛戳对方眼睛。

▲ 紧接着，伸出左手扳住对方左侧肩头，用力向怀中拉扯，迫使其俯身低头。

▲ 几乎同时，左腿屈膝上提，以膝盖为力点连续冲顶对方胸腹部。

▲ 进一步，可以挥舞右臂，以右手掌刃为力点，自上而下用力劈砍对方后脖颈，猝然一击，可当即将其击倒在地。

■ 对方趴倒在地的一刹那，我可以抬起右脚狠狠地踩踏其后背，予以重创，令其再无爬起来的机会和能力。

实战范例 ②

▲ 双方发生正面冲突，对手情绪激动，用双手捋抓我的胸部衣襟，并用力将我推搡至墙边。

▲ 我迅速抬起左臂，屈肘内旋，用左手向下扣拍对方右小臂。同时，身体左转，带动右臂屈肘自右向左横向摆动，以小臂尺骨部位为力点猛磕对方左臂肘关节位置。

▲ 双臂协同动作，瞬间发力，可成功摆脱对方双手的抓扯。

▲ 继而，用左手刁抓住对方的左手腕，并挥舞右掌自左向右横向砍击对方咽喉。

▲ 动作不停，左手攥紧对方左腕，用力向怀中拉扯，令其靠近自己，然后飞起左脚狠狠地踢击对方裆部生殖器。

▲ 对方裆部遭袭击后，势必会俯身弯腰，并用双手护裆，我可趁机以右砸肘连续砸击对方后背，直至将其砸倒在地。

实战范例 ③

▲ 双方发生正面冲突，对手情绪激动，用双手捋抓我的胸部衣襟，并用力将我推搡至墙边。

▲ 我迅速将左臂高高抬起，悬置于对方双臂上方。

▲ 旋即，左臂猛然屈肘下砸，以小臂尺骨部位为力点磕砸对方双臂肘关节位置。

▲ 几乎同时，右腿快速向前踢出，以小腿胫骨为力点踢挂对方裆部。

▲ 对方裆部遭袭后，因疼痛难忍，其势必会用双手护裆，而不得不放开对我胸部的抓扯。我趁其俯身低头之际，身体快速左转，以迅雷不及掩耳之势用右手上勾拳猛击对方下颌。

▲ 动作不停，身体再快速右转，带动左臂出击，以左手勾拳攻击对方腹部。

▲ 对方连续遭受重创，晕头转向，疲于招架，我可乘胜追击，向左转身，挥舞右臂，以一击摆拳重击对方头部，可当场使其丧失进攻能力。

▲ 对方倒地后，我调整脚步，移动至对方身体侧面，抬起右脚连续蹬踏对方头颅，令其无法快速起身。

实战范例 ④

▲ 实战中对方用双手捋抓我的胸部衣襟，并用力将我向街边推搡。

▲ 我后背抵靠在墙壁上的一瞬间，迅速将双臂高高向上扬起。

▲ 旋即，左臂屈肘快速向下砸压对方双臂肘关节位置，迫使其放松对我的抓扯。

▲ 几乎同时，身体猛然左转，带动右臂快速出击，以右手摆拳袭击对方左侧面颊。

▲ 动作不停，身体重心向前过渡，抬起右腿连续踢击对方裆部要害。

▲ 对方裆部遭受袭击后，会因剧痛而俯身低头，我立即将右腿高高扬起，使右脚悬于对方身体上方。

▲ 动作不停，右腿骤然下落，借助自由落体产生的力量，以脚后跟为力点狠狠地砸击对方后背，可当即将其砸趴在地。

■ 对方趴倒在地的一刹那，我再飞起右脚，弹踢对方下颌，一脚将其仰面踢翻过去。

PART 17

针对抓扯肩背的防御与反击方法

抓扯肩背的动作大多情况下都是由身后实施的，由于对方与我的距离仅在一臂之间，所以应尽量采用一些在中短距离内能够充分发挥威力的击打方式进行反击，比如转身侧踹、捶击、肘击等等，都是行之有效的反击手段。

对方用一只手抓扯我肩背的目的，大多是要将我拉转回身然后进行打击。在实施有效逃脱方法的同时，强调要注意做好防御工作，避免在挣脱对方控制的时候遭受打击。

实战范例 ①

▲ 我在街头行走，仇家出现在身后，突然用右手抓扯我右侧肩头，同时挥舞左拳准备偷袭。

▲ 我感到不妙，迅即向右转身，侧对敌人，同时右腿屈膝提起。

▲ 不待对方发动攻击，我率先出腿，后发先至，以右踹腿猛踹对方腰腹部，予以重创。

▲ 动作不停，右脚落地站稳，身体继续右转，再以左脚弹踢对方裆部。

▲ 旋即，左脚攻击动作结束后，顺势向前落步，快速逼近对方，同时将左臂屈肘高高扬起。

▲ 继而，在对方双手护裆，俯身弯腰之际，左臂猝然向下挥砍，以左掌掌刃为力点劈砍对方后脖颈，瞬间将其劈倒在地。

实战范例 ②

▲ 我在街头行走，仇家出现在身后，突然用右手抓扯我右侧肩头，同时挥舞左拳准备发动攻击。

▲ 我左脚迅速向左后方移动一步，身体骤然左转，同时左臂屈肘向左上方扬起。

▲ 动作不停，身体继续左转，左臂随身体转动，屈肘向左下方摆动、下落，以大臂后侧及肩腋后侧为力点拨压对方右手腕部，迫使其放松对我右肩的抓扯。

▲ 旋即，左臂屈肘圈揽住对方右臂，同时挥舞右拳连续捶击对方面门，打他个鼻口蹿血。

▲ 进一步，还可以用右手勾拳掏击对方腹部。

▲ 一连串拳击动作后，左臂抬起，左手绕至对方面前，以掌刃为力点扳卡住其鼻子根部，用力向左后方压制。同时，右手用力掏抓对方裆部生殖器。

▲ 左手用力向左后方发力，右手用力向上提拉，双手同时动作，瞬间可将对方摞倒在地。

▲ 成功将对手摞倒后，可以移动脚步，站在有利的位置上，再飞起右脚猛踢对方腹股沟。

PART 18

针对双手卡掐脖颈的防御与反击方法

颈部是人体主要的呼吸通道，也是人体供给大脑血液的唯一通道，所以其一旦遭受巨大外力的压迫和阻滞，即可造成头部供血不足、呼吸困难，甚至窒息。

一旦脖颈被卡掐住，尤其是当对手由正面用双手的大拇指卡扼压迫在气管部位，并用力向前推搡，或者身体被抵顶在车辆、墙壁等障碍物上时，危险性就更大了。你不仅会面临呼吸困难的窘境，而且对方很可能在牢牢控制住你脖颈的同时，猝然俯首低头前冲，用前额撞击你的面门，令你瞬间鼻口蹿血、面目全非，直至彻底晕厥。这是极为被动的局面，必须立即采取相应的措施摆脱困境，否则后果不堪设想。

街头打斗中用双手卡掐住你脖颈的家伙，一般都是要置你于死地的，其手段必然也是无比残忍凶狠的。因此，面对这类致命的攻击，你必须要有充分的心理准备，并熟练掌握相应的防御与脱解反击技能。

情景再现

实战范例①

▲ 双方于街头发生冲突，对方气急败坏，对我指手画脚。

▲ 对方情绪激动，突然前冲，并用双手卡住我的脖颈，对我的咽喉形成压迫。

▲ 咽喉一旦遭受阻扼，后果不堪设想，我迅速将双臂向上抬起，将双手置于对方手臂上方。

▲ 旋即，双臂屈肘下落，双手扣抓住对方双腕内侧，并用力向两侧掰拉，以泄其力。

▲ 动作不停，上体略后仰，双臂猛然下沉，双手勾住对方双腕使劲将其由我脖颈处拉向身体两侧。同时，右腿抬起，向前狠狠地挂踢对方裆部腹股沟，化解危机的同时对其予以重创。

▲ 对方下盘遭受攻击后，势必会因疼痛而向前俯身，我可趁机用左手按住对方头颅，再以右掌劈砍其后脖颈。

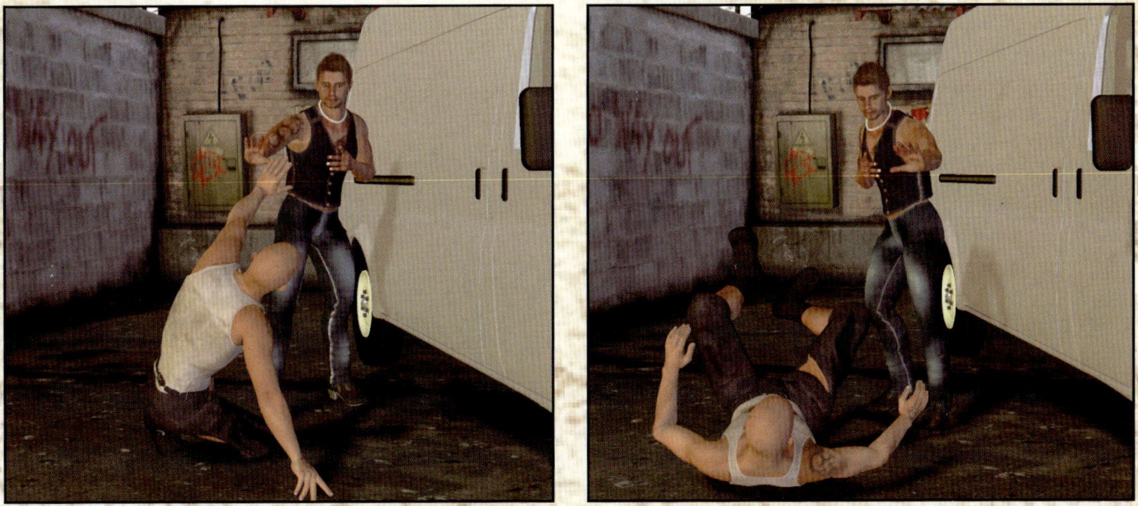

▲ 右掌针对对手颈椎的一记“力劈华山”，可令其头晕目眩，当即瘫倒在地。

▲ 对手瘫软在地后，我可逼近前去，抬起左脚狠狠地踩踏对方的腹部。

实战范例 ②

▲ 停车场内，遭遇一名身材较矮的歹徒袭击，对方突然伸出双手、张开虎口卡住我的脖颈，并死死掐扼，意图令我窒息。

▲ 在对方双手触及我脖颈的瞬间，我迅速抬起右臂，以右手“日字冲拳”直击对方咽喉，由于我的手臂长于对方，可以在给对方造成创伤的同时，化解其进攻意图。

▲ 旋即，我双臂屈肘内旋，由对方双臂内侧抬起，并用力向两侧崩挂对方两小臂。

▲ 成功化解危机后，我身体猛然前冲，双手抢抱住对方头颅，以两个大拇指猛戳其双眼。

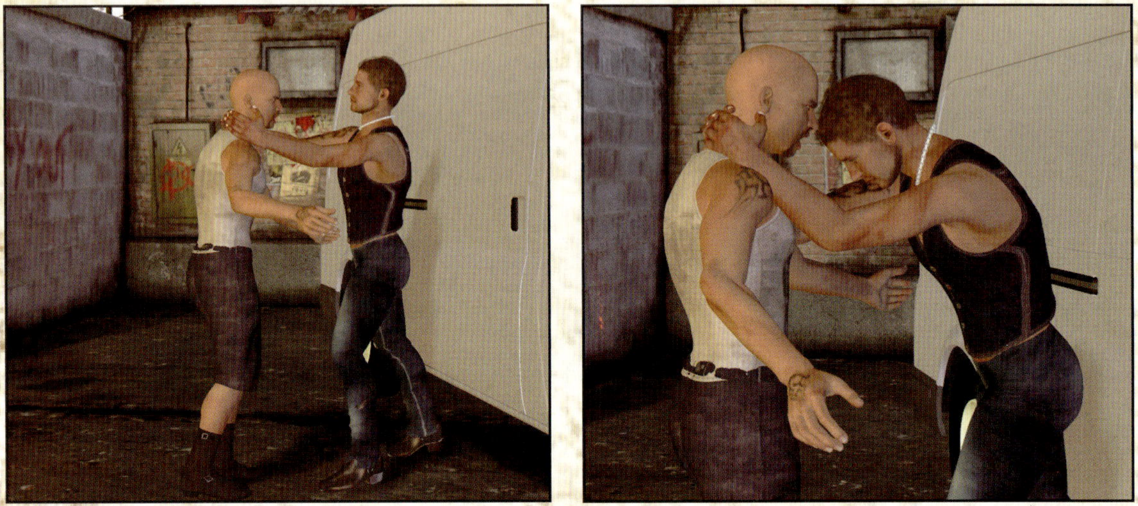

▲ 紧接着，双手攀揽住对方后脖颈，双手十指于其颈后交叉叠扣在一起，控制住其上盘，然后猝然俯身前冲，以前额猛撞对方面颊。

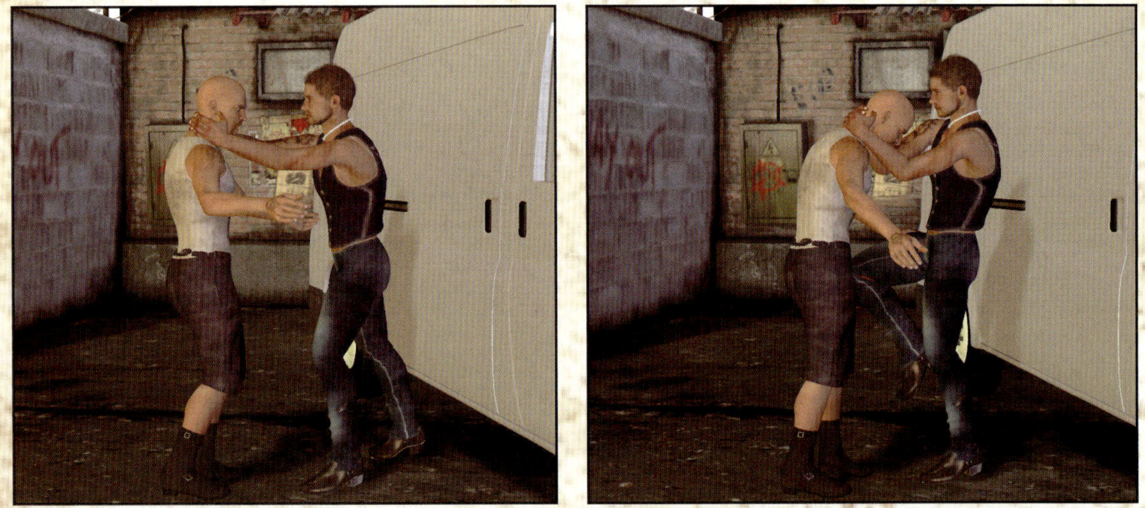

▲ 在对方被我撞得鼻口蹿血之际，我再屈膝抬起右腿，以膝盖为力点连续冲顶对方裆部要害。

▲ 继而，右脚落地站稳后，身体迅速左转，带动右臂出击，用右肘横扫对方头颅。

▲ 趁对方晕头转向之际，我双臂箍紧对方脖颈，左脚向左后方撤步，身体大幅度左转，利用身体转动产生的离心力，可瞬间颠覆对方身体重心平衡，将其朝身后的车辆方向摔去。

▲ 对方后脑重重撞击在路边车辆上，我乘胜追击，逼近对方，再以右腿膝盖冲撞对方面门。

提高战斗力的方法

小腿肌群的力量是将身体牢牢地固定在地面上的关键，这会让你的拳肘击打更有效率。腿击与膝击所释放爆发力的大小与小腿肌群是否强硬有着密切的关系。提高小腿肌群的力量，将会令你的下肢踢击动作更加稳健、凶狠。具体训练方法可采用双手握提哑铃的提踵训练。

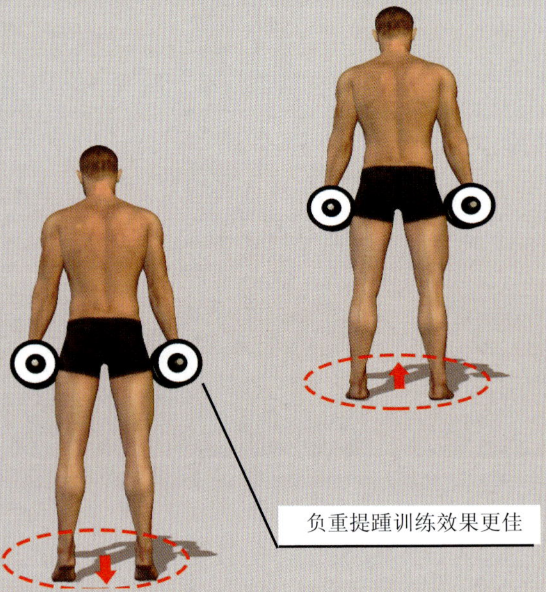

PART 19

针对手臂圈锁脖颈的防御与反击方法

格斗中针对脖颈的控制主要有两种形式，一种是前面章节里介绍的用双手卡掐脖颈，另一种则是本节讲解的用手臂圈锁脖颈。

手臂圈锁脖颈即我们在摔跤运动中常见的“夹头”。双方交手时，脖颈被对手用手臂夹住，首先是一种非常难受的感觉，窒息和眩晕将随后而至。而且，脖颈被勒扼的危险，不仅仅是颈动脉和气管遭受压迫，同时也很容易被对方将身体拖倒在地，从而不得不面临你不愿意进入的地面打斗阶段。因此，在街头打斗中一旦被对手勒住脖颈，首要考虑的不仅仅是如何逃脱出来，还要特别注意保持身体的平衡。

实战范例 ①

▲ 停车场上遭遇歹徒袭击，对方突然由我身体左侧进攻，伸出右臂圈锁住我的脖颈，其左手抓握右手腕部，使劲勒扼，对我的颈动脉和气管形成压迫，令我处于极为被动状态。

▲ 为了缓解脖颈和咽喉处被挤压的难忍程度，我应本能地将头颈朝左侧拧转，并及时低头收紧下颌。

▲ 几乎同时，左臂抬起，以左手推抵住对方后脑，然后用右手手指狠狠地戳捅其双眼。

▲ 对方眼睛遭袭，疼痛难忍，视线模糊，自顾不暇，自然会放弃对我脖颈的控制。

▲ 我可趁机抡动右拳连续掏打对方胸腹部。

▲ 旋即，趁对方晕头转向之际，双手抓扯住对方后脖领子，身体骤然大幅度左转，利用身体转动产生的离心力，可瞬间颠覆对方身体重心平衡，将其仰面撂倒在地。

▲ 进一步，可以逼近对方，由对方身体侧面抬起右脚猛踹其头部，予以重创。

实战范例 ②

▲ 街头遭遇袭击，对方突然由我身体左侧进攻，伸出右臂圈锁住我的脖颈，形势对我极其不利。

▲ 我迅速俯身弯腰，头颈左转，收紧下颌，避免咽喉被对方小臂桡骨锁紧。转头收下颌，是面临这种危机局面时必须做出的基本反应，这个不经意的举动，不仅可以减轻被勒扼的痛苦，也是进一步实施逃脱与反击的基础，不可马虎。

▲ 几乎同时，左臂抬起，绕至对方脑后，以左手推抵住对方后脑，然后用右手拇指与食指狠狠地抠戳其双眼。

▲ 对方眼睛遭袭，疼痛难忍，自然会放弃对我脖颈的控制。我迅速向后抽身，同时左臂屈肘抬起，蓄势待发。

▲ 动作不停，身体猛然左转，利用身体转动之势，带动左臂向前攻出，以左手掌刃为力点，自右向左横向砍击对方咽喉。

▲ 旋即，双腿屈膝下蹲，身体重心下沉，右脚快速向前上步，同时双手由对方双腿外侧抄抱住其双腿膝窝上方，俯身低头，以头抵顶住对方腹部。

▲ 继而，左脚上步，身体重心猛然前冲，头部顺势向前冲顶对方腹部，同时双手搂紧对方双腿用力向上提拉，周身协调动作，瞬间可将其掀翻在地。

▲ 对方仰面摔倒后，我可乘胜追击，抬起右脚，由对方双腿间狠狠地踩踏其裆部。

实战范例 ③

▲ 街头遭遇袭击，对方突然由我身体左侧进攻，伸出右臂圈锁住我的脖颈，使我呼吸倍感困难。

▲ 我迅速俯身弯腰，头颈左转，收紧下颌，同时挥舞右拳连续掏打对方裆部要害。

▲ 趁机，我身体左转，使劲将头颈由对方手臂中挣脱出来。

▲ 头颈摆脱控制后，我身体继续左转，带动右臂摆动出击，以右手大摆拳猛击对方左侧脸颊。

▲ 动作不停，身体再猛然右转，带动左臂摆动出击，以左手摆拳猛击对方右侧脸颊。

▲ 对方头部连续遭到重击，往往会脚步踉跄、站立不稳。我当仁不让，继续攻击，以右脚连续踢击对方裆部。

▲ 对方裆部遭袭，势必因剧痛而俯身弯腰、双手护裆，我迅即挥舞右掌自上而下劈砍其后脖颈，一记重击可当场将其削趴下。

实战范例 ④

▲ 我在街头伫立等人，仇家悄悄出现在身后，趁我不备展开偷袭。

▲ 对方突然以右小臂桡骨部位为力点自后向前屈肘勒卡住我的咽喉部位，左手辅助扣抓住自己右手，双臂收紧，欲针对我的咽喉实施圈锁。

▲ 我迅速向左转动身躯，同时挥舞左臂，以左拳向后下方连续敲打对方裆部生殖器。

▲ 针对生殖器连续击打产生的疼痛，可以迫使对方放松对我的控制。

▲ 我身体继续左转，左腿顺势屈膝抬起，左脚悬于对方右脚上方。

▲ 动作不停，身体突然靠近对方，左脚骤然下落，以脚后跟为力点狠狠地踩跺对方右脚脚面。

▲ 对方因脚背疼痛会不由自主地俯身弯腰，我迅即飞起右脚，以脚尖弹踢对方面颊。

▲ 动作不停，右脚落地站稳，身体快速右转，带动左腿横扫而出，以小腿胫骨部位为力点扫袭对方腰腹部。

▲ 左鞭扫腿威力巨大，可当即将其撂倒，令其再无还手之力。

实战范例 ⑤

▲ 双方于街头发生冲突，对方气焰嚣张，得理不饶人，我谦恭礼让，不断地道歉。

▲ 当我鞠躬致歉时，对方突然由正面伸出右臂圈揽住我的脖颈，其左手抓住自己右手腕部，准备向后仰身以“断头台”技术降服我。

▲ 我迅速用右手自下而上撩拍对方裆部，在其疼痛难忍而放松对我脖颈控制的时候，左手使劲推开其右侧手臂，及时将头颈向后撤出。

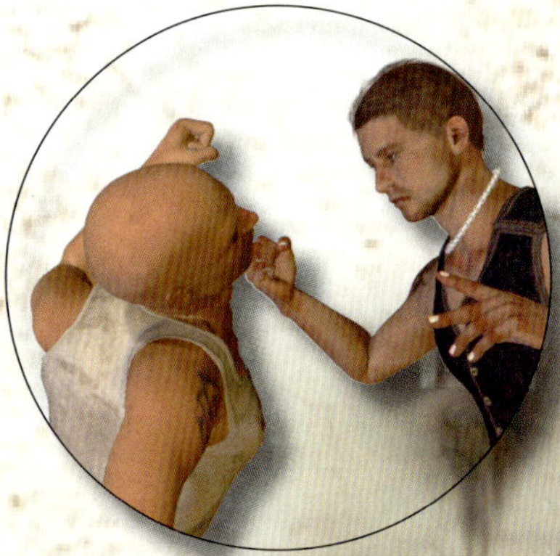

■ 挣脱控制的一刹那，我猛然向左侧拧转身躯，带动右臂快速出击，以右手上勾拳猛击对方下颌。

▲ 对方不堪一击，身体踉跄，我趁机飞起右脚猛踢其裆部，令其防不胜防。

▲ 进一步，在对方因裆部遭袭而疼痛难忍，被迫俯身弯腰之际，我再将右臂高高扬起，然后骤然屈肘下坠，以肘尖为力点猛砸对方后背，一肘穿心。

PART 20

被摔倒后的防御与反击方法

街头打斗往往是许多人的混战，而不是单纯的一对一的打斗，格斗的环境也极其恶劣，可能是在车水马龙的街道，抑或狭窄的巷子，格斗动作会不同程度地受到场地与环境的限制。因此，我们经常会听到格斗教练这样告诫我们，不要轻易被拖入地面，将打斗拖到地面是非常危险和无奈的。

在街头，你一旦被摔倒在地，就意味着你有可能要展开一场无休止的持久战了，在双脚不再垂直于地面的那一刻，撒腿逃跑的想法基本变成了一种奢望，你只能背水一战。

倒地后要及时想办法重新站起来，即便你是名地面缠斗高手，在环境复杂的街道上，这也是唯一正确的选择，除非万不得已，不要留恋地面战。因为地面上肉搏，并非一件轻松的事情。和你在冰冷地面上翻来滚去的家伙，很可能还有同伙，会突然从不同的方向朝你发起攻击，他们出其不意的致命一击，将令你防不胜防。

实战范例 ①

▲ 双方发生冲突，对方突然俯身前冲，伸出双手扑抱我的双腿，对我实施抱腿摔。

▲ 我防范不及，被对方前冲抱住双腿，身体重心丧失平衡，仰摔在地。后背着地瞬间，注意低头勾颈，防止后脑撞击地面。同时双臂向身体两侧伸展，加大身体与地面的接触面积，以缓解和吸收向后摔倒时产生的冲撞力，分散摔倒时的冲击负荷，可有效达到自我保护的目的。

▲ 我被摔倒后，对方俯身抡动拳头准备对我实施砸击。我迅速双腿屈膝，由对方双臂间抽出，并用双脚蹬抵住对方腹部。

▲ 动作不停，双腿用力挺膝，以脚底为力点朝前上方猛蹬，破坏对方的进攻意图。

▲ 紧接着，身体向左侧转动，以左腿和左小臂接触地面，右腿屈膝抬起，右脚朝向对方。

▲ 旋即，左臂用力推撑地面，身体重心骤然提起，腰髋左旋内扣，右腿快速向右侧踹出，以脚底为力点袭击对方前腿膝关节位置。

▲ 踹击结束，身体继续左转，右手扶撑地面，再次以右脚向右后上方踹出，直击对方腹部或者裆部要害。

▲ 攻击动作结束后，我身体右转，后背着地，右脚朝向对方，防范对方再次逼近，左脚则用力蹬地，推动身体向后快速移动，寻机站起。

▲ 与对方拉开一定距离后，左脚向后摆动，身体重心猛然提起，双脚蹬地，迅速站立起身，并摆出防御姿势。

实战范例 ②

▲ 街头打斗中，我不慎摔倒，未来得及起身，就被对方骑乘于身躯之上，并用双手卡掐住我的脖颈，欲制我于死地。我迅速双臂屈肘，用双手扣抓住对方双腕内侧。

▲ 动作不停，双手用力向两侧拉扯对方双腕，迫使其放松对我的掐窒，令其上体被迫前倾、趴下来。几乎同时，我左腿屈膝，左脚向后移动，以脚后跟勾扣住对方右脚脚踝位置。

▲ 旋即，双脚蹬地，将腰胯挺起，令臀部脱离地面，并猛然向左转髋，右脚继续蹬地助力，促使整个身体向左侧翻转，从而将对手向我身体左侧掀翻过去。

▲ 成功摆脱对方骑乘后，双腿膝盖跪地，双脚蹬地，推动身体重心向前过渡，以右手直拳猛击对方面部。

▲ 进一步，可以再挥舞右拳连续捶击对方裆部生殖器。

▲ 紧接着，双脚蹬地，身体重心上提，双手推撑对方双膝，快速站立起来。

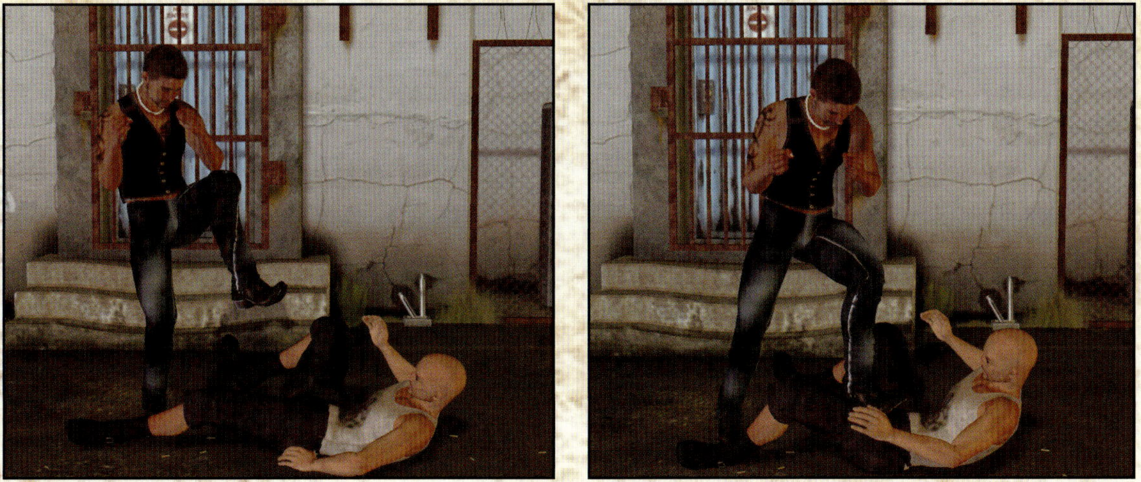

▲ 起身后，还可以站在对方双腿之间，用左脚狠狠地踩踏对方裆部。

提高战斗力的方法

腿部肌群好比万丈高楼之根基，根基越牢固，攻击动作才能更加稳固、有力。我们这里介绍的下蹲训练，主要针对股四头肌肌群、臀部肌群、腘绳肌肌群、腰部肌群以及小腿肌群进行锻炼。通过下蹲训练，可以提高拳击时的爆发力与膝击时的跳跃能力，同时加强回旋踢、鞭扫腿等高位腿法的攻击力度。

PART 21

被逼到街道死角时的防御与反击方法

一些有预谋的街头暴力攻击事件，通常都带有一定的隐蔽性，对你发动袭击的家伙会刻意选择那些地况偏僻、光线昏暗的街巷角落。

出于安全目的，我们平常要留心注意居住地和自己经常活动的区域周围的街巷都通向何处，是否存在死胡同，是否安装有监控设施等等。对这些环境有所了解，在突发事件时，你就会明确自己逃离的方向，避免自己在惊慌失措的情况下误入歧途、陷入绝境。

外出活动，在经过自己不熟悉的街道，发现周围环境异常时，应该立即抽身离开，千万别被好奇心左右而使自己陷入不可自拔的困境中去，多一事不如少一事，这种做法虽然有些消极，但的确能保证你减少惹上不必要的麻烦。如果不熟悉周围环境，被暴徒逼到一条死胡同里，你面临的局面将极其危险。

情景再现

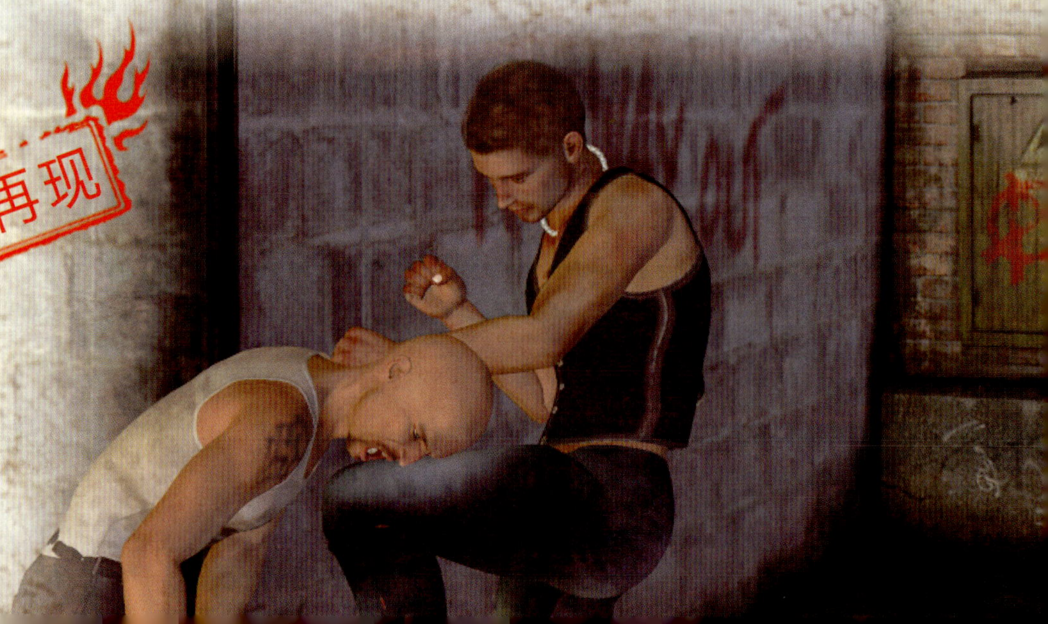

实战范例

▲ 街头冲突中，我被穷凶极恶的暴徒逼到街巷的死角中，只能背水一战。

▲ 在对方抡动拳头前冲发动袭击时，我迅即向左转身，屈膝抬起右腿。

▲ 以右脚脚底为力点迎踹对方前腿膝关节，阻遏其前冲势头，令其无法顺利靠近自己。

▲ 动作不停，右脚落地站稳，左手顺势抓住对方左侧肩头，并用力向怀中拉扯，迫使其俯身低头。同时，身体重心向前过渡，左腿随即屈膝向前上方攻出，以膝盖为力点冲顶对方面颊，可令其瞬间鼻口蹿血。如果双方距离较远，则可用左脚连续弹踢对方裆部。

▲ 左腿攻击动作结束后，左脚向前落步踏实，身体骤然左转，带动右臂大幅摆动，以右手摆拳猛击对方左侧下颌，一记大摆拳，可当场将其击倒在地。

▲ 如果对手被击倒后依然负隅顽抗，打算爬起来，我可以再用右脚狠狠地踩踏对方的后背，令其彻底屈服。

▲ 如果对方确系十恶不赦之暴徒，我可以痛下杀手，再度飞起右脚连续踢击对方头部，予以致命绝杀。

▲ 之后，迅速从死角里移动到有利于自己逃离的位置上去，防止对方有同伙来增援。

提高战斗力的方法

为了使腿法和膝击更加具有威力，针对屈髋肌群进行大负荷的训练势在必行。我们经常采用的训练方法就是单腿站立屈髋提膝训练，这种训练手段，可以有效地刺激股直肌、腰肌、髂肌、腹部肌群、臀中肌以及小腿肌群的肌肉增长与强壮。

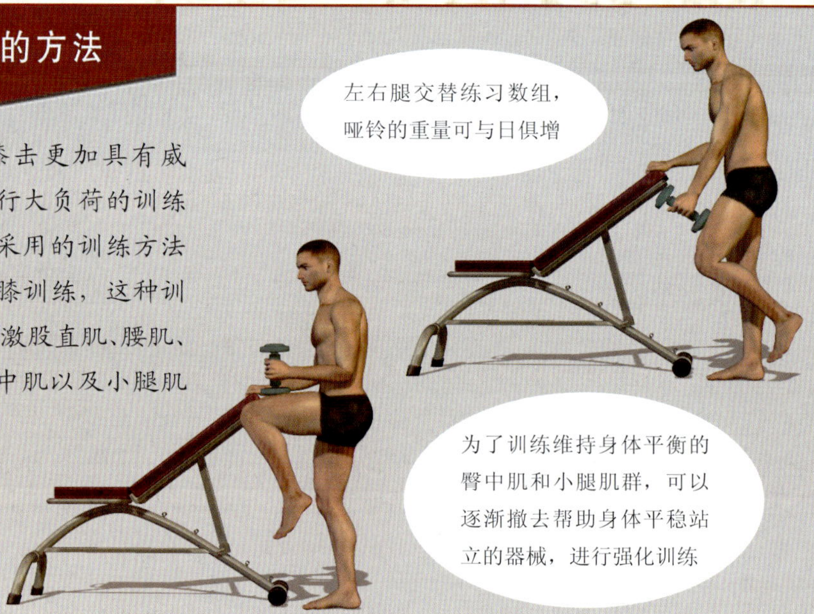

PART 22

街边休闲时的格斗技能

当你一个人坐在街边酒吧小酌，或者傍晚独自坐在公园长椅上纳凉时，就很容易遭到心怀不良企图者的骚扰和攻击。

在这种身体放松的情况下，如果不想遭受意外侵害，你一定要提高警觉意识。首先，在你准备坐下来之前，应该仔细环顾一下四周，了解你所在的位置是否安全，然后选择宽敞、便利、行人较多的地方，以便在遭受攻击时，能够很方便地逃脱或者向行人呼救，尽量避免坐在偏僻、黑暗的角落里。

切忌，不要在街头长椅上酣然大睡，即使你身无分文，也要顾及生命，因为抢劫你的人可能是一个比你更加拮据的穷光蛋，如果在你身上一无所获，他可能会被激怒，而伤害你的身体。

实战范例 ①

▲ 我坐在街边休闲时，遭遇酒鬼纠缠，对方突然扑过来，用双手抓扯推搡我的前胸。

▲ 我迅速用左手扣抓住对方右手腕部，用力下拉，同时右手自下而上撩袭对方裆部。

▲ 对方裆部遭袭，势必会俯身护裆，从而双手松开对我的撕扯。我可趁机再以左手发动攻击，以指尖为力点猛戳对方眼睛。

▲ 旋即，上体向前俯身弯腰，双臂前伸，双手由对方双腿外侧抄抱其双腿膝窝上方，头顶抵住对方小腹部。

▲ 动作不停，双腿蹬地，身体重心骤然提起，头部前顶，双手向后上方拉扯对方双腿，周身协调动作，瞬间将对方撂倒在地。

▲ 对方仰面摔倒后，我疾步上前，抬起右脚，用力蹬踏对方面颊。

▲ 反击成功后，迅速向后撤步，与对方拉开距离，防范其负隅顽抗、起身反扑。

实战范例 ②

▲ 我坐在街头休闲时，遭遇暴徒挑衅、袭击。

▲ 一名醉汉扑将过来的一刹那，我突然抬起右腿，以右脚向前猛蹬对方前腿膝关节位置，有效地阻遏其进攻势头。

▲ 继而，在对方身体向前倾斜的时候，将右臂快速前冲，以指尖为力点猛戳对方眼睛。

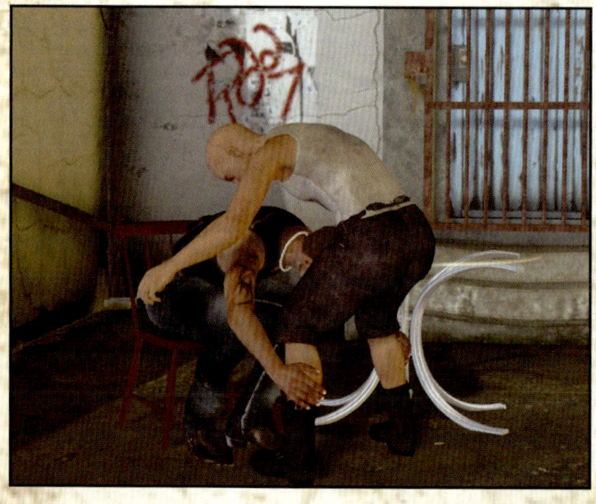

▲ 动作不停，上体向前俯身弯腰，双臂前伸，双手由对方双腿外侧抄抱其双腿膝窝上方，头顶抵住对方小腹部。

▲ 旋即，双腿蹬地，身体重心骤然提起，头部前顶，双手向后上方拉扯对方双腿，周身协调动作，瞬间将对方掀翻在地。

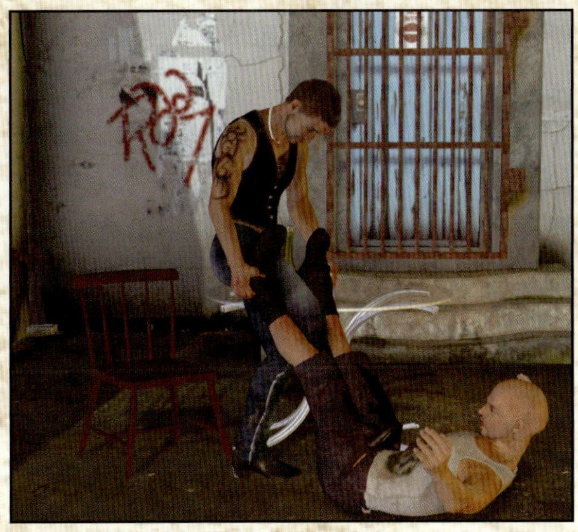

▲ 对方仰面摔倒的一瞬间，我双手搂住对方双腿脚踝不放，抬起右腿，右脚自对方双腿间狠狠地踩下去，针对其裆部生殖器予以重创。

▲ 对方彻底丧失反抗能力后，我迅速向后撤步，与对方拉开距离，或者立即转身逃离现场。

PART 23

防御在停车场内遭遇的袭击

众所周知，美国是一个生活在车轮上的国家。人们对汽车的依赖，就像每天都要洗脸刷牙一样，无论是上班还是生活采购，都必须驾车出行。故而，发生车辆剐蹭，以及因为抢占停车位而引发的肢体冲突，是屡见不鲜的事情。安全部门统计显示，在美国停车场内发生的暴力犯罪率也一直居高不下。

作为有车一族，无论男性还是女性，在街边或者停车场里，下车前，都要注意环视一下四周环境，看是否存在异常，加强防范意识。若发现陌生车辆或者可疑人物突然靠近你时，你要立即将车门锁好，然后猛踩油门，马上离开。

如果发生车辆剐蹭，不得已需要下车解决问题时，也要时刻保持警惕心，因为对方很可能是通过故意制造的交通事故，引诱你下车，然后对你实施袭击或者绑架。若感觉事态不对，应猛按喇叭，及时报警，抑或见势不妙，撒腿就跑。

情景再现

实战范例 ①

▲ 我在停车场拉开车门，准备上车的时候，歹徒突然出现在我身后，拦腰将我锁抱住。

▲ 对方左手抓紧右手，死死将我腰身锁紧，然后用力将我提抱起来，欲将我扭摔在地。我迅速将左脚向左后方撤步、站稳，用右手扣抓住对方左手腕部，同时左臂屈肘抬起，蓄势待发。

▲ 旋即，身体猛然左转，带动左臂向左后方横扫，以肘尖为力点扫袭对方头部，同时右手使劲向下拉扯对方左臂，迫使其放松对我的控制。

▲ 身体左转不停，左臂继续向左后方摆动，肘关节伸展，以左手拳轮为力点再次击打对方头部。

▲ 继而，在对方上盘连续遭袭疲于招架之际，我左腿屈膝提起，以左脚猛踹对方右腿膝关节内侧，破坏其身体重心平衡，令其站立不稳、东倒西歪。

▲ 左脚攻击结束后，落地站稳，身体重心快速前移，趁对手身体踉跄之际，飞起右腿，屈膝以膝盖为力点冲顶对方面颊，猝然一击，令其鼻口蹿血，仰面摔倒。

■ 冲膝掀翻对手后，进一步可以逼近前去，抬起左腿，用左脚狠狠地踩踏对方头部，予以重创。

实战范例②

▲ 我在停车场拉开车门，准备上车的时候，一名歹徒由角落里蹿出，突然出现在身后，由背后拦腰将我抱住。

▲ 我用力向前俯身挣脱，但由于对方锁抱有力，难于解脱。我可以大幅度向后仰头，以后脑磕撞对方鼻子。

▲ 继而，左腿屈膝抬起，以左脚脚后跟为力点狠狠地踩踏对方左脚脚面，迫使其因疼痛而放松对我的搂抱。

▲ 动作不停，身体快速左转，左臂屈肘随之向左后方摆动，以肘尖为力点连续捣击对方左侧胸腹部，令其彻底放弃对我的控制。

■ 挣脱束缚后，转身面对对手，以腰髋转动带动手臂摆动出击，依次以左右手摆拳袭击对方太阳穴或者下颌，可当即使其丧失进攻能力。

▲ 对方被我暴风骤雨般的拳击击倒后，我可以乘胜追击，再飞起右脚扫踢其头部。

实战范例 ③

▲ 我在车库门前，准备开门上车的时候，一名歹徒突然由角落里蹿出，伸出双手抓住我的左臂，用力拉扯，对我纠缠不休。

■ 我迅速向左转身，面对对手，左臂屈肘外旋、向上抬起，同时挥舞右臂，以右拳自上而下连续劈砸对方右小臂内侧，迫使其放松对我左臂的抓扯。

▲ 成功挣脱对方双手的抓扯后，可以向右转身，以左手勾拳挑打对方下颌，予以反击。

▲ 动作不停，再抡动右拳出击，以拳轮为力点自左向右敲击对方右侧太阳穴。

▲ 继而，双臂前伸，双手攀揽住对方后脖颈，牢牢地控制住其头颈。

▲ 旋即，身体重心快速向前过渡，右腿屈膝提起，以膝盖为力点前冲，狠狠地顶撞其生殖器。

▲ 紧接着，右脚落地，身体向左拧转，带动右臂屈肘向左前方横扫而出，以肘尖为力点袭击对方左侧太阳穴，予以致命一击。

▲ 一击重肘，肘过如刀，可当即将对方击倒在地。趁对方四脚朝天无力爬起之际，我快速逼近，飞起右脚扫袭其裆部生殖器。

实战范例 ④

▲ 我于街边停好车，刚刚关上车门准备离开时，一名暴徒突然由身后发动攻击，用双手卡掐住我的后脖颈，并用力向前推搡。

▲ 我迅即向右后方摆动右臂，以右手手掌使劲撩拍对方裆部，令其生殖器产生剧痛。

▲ 继而，我右臂向右上方高高抬起，身体重心略微向上提起。

▲ 身体猛然右转，右臂屈肘，随身体转动向右下方摆动、砸压，以大臂后侧及肩胛后侧为力点拨压对方双手腕部，迫使其放松对我的掐窒。

▲ 身体右转不停，转身面对敌人，同时以腰髋转动之力带动左摆拳袭击对方下颌。

▲ 左拳过后，身体再突然左转，以右手摆拳袭击对手左侧太阳穴。

▲ 拳击动作结束后，双臂前伸，双手顺势攀搅住对方后脖颈，十指于其颈后交叉叠扣。

▲ 在成功箍扼住对方脖颈的基础上，我上体骤然前冲，俯身低头，以前额为力点狠狠地冲撞对方面门，令其瞬间鼻口蹿血。

▲ 动作不停，再屈膝抬起左腿，以膝盖为力点冲撞对方裆部，予以重创。

▲ 继而，身体骤然大幅度左转，左脚向左后方撤步，利用身体转动产生的离心力，可瞬间颠覆对方身体重心平衡，将其撂倒在地。

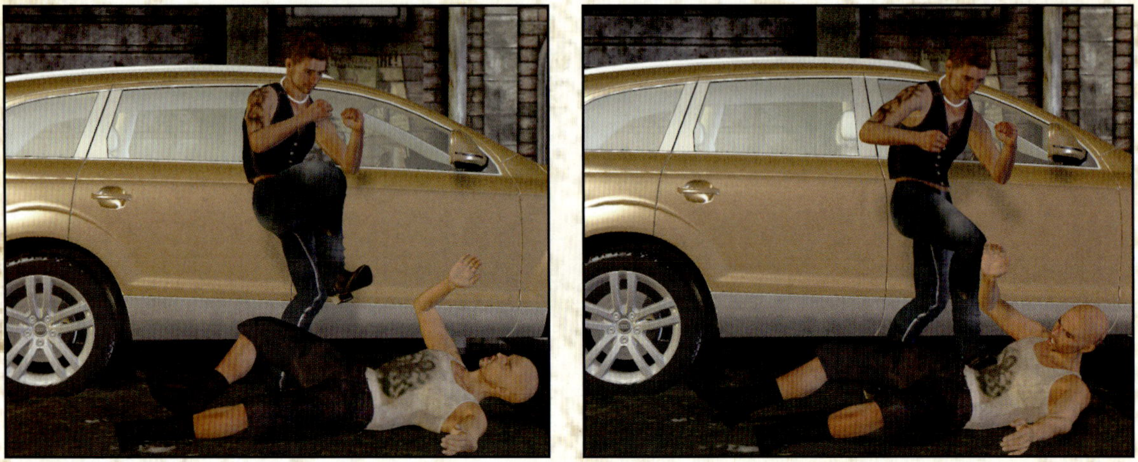

▲ 对方被摺倒后，趁其无力爬起之际，我快速逼近，抬起右腿，以右脚狠狠地踩踏其胸腹部。

实战范例 ⑤

▲ 我拉开车门准备上车时，歹徒隐藏在车尾，伺机对我发动攻击。

▲ 对方趁我不备，突然从阴暗角落里冲出来袭击我，我迅速回转身躯，正面应敌。

▲ 对方来势汹汹，我可以屈膝抬起右腿，以右脚猛踹对方前腿膝关节，以达到阻遏其进攻势头之目的。

▲ 对方下盘遭到重创，势必会颠覆重心而跪倒在地、背向于我。

▲ 我顺势用双手由对方背后扳揽住其下颌。

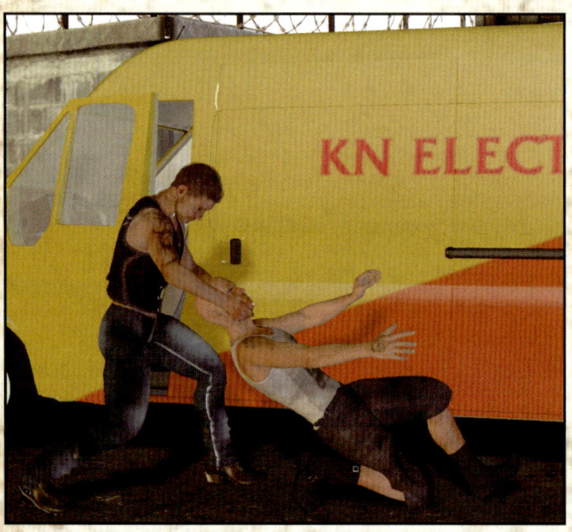

▲ 控制住对方头颅后，迅速快步向后移动，带动双手使劲向后拖拉，可瞬间将其仰面拖倒在地。

PART 24

遭遇多人围攻时如何反击

当遭遇多人围攻时，你首先要以最快的速度环顾一下四周，搞清楚对方的具体人数，心理上要做好应对群敌的准备。要时刻牢记，面对群敌，在条件允许的情况下，夺路而逃永远是你的第一正确选择。饿虎架不住群狼，逞强和自负是不明智的。如果你面临的现实情况是根本无法逃脱，只能进行破釜沉舟的决斗时，你在格斗过程中，就要尽量保护自己的后背，根据具体的格斗环境，想办法使自己背靠某些障碍物，比如墙壁或者车辆，背水一战，总比四面受敌好一些。

再者，如果你不得不面临困境，投入到明显的力量不对等的群殴混战中去，那么你必须提高注意力，观察每一个对手的位置与动向。而不要过分专注于某一个看上去气焰特别嚣张的家伙，而放松了对其他人的警惕。那样你很容易顾此失彼。要能够准确地判断出敌对方一群人中，孰弱孰强，然后首先去攻击那个身材和技术都比较软弱的家伙，避实击虚，也就是俗话说的“先挑软柿子捏”。这样的攻击效果明显，同时可以起到震慑群敌的作用。

另外，在战斗过程中，要尽量使自己处于一个最利于格斗的位置上，尽量让对方排成一条直线，令其逐一靠近自己，各个歼灭。而不要让他们将自己包围起来，否则处于腹背受敌或者四面楚歌的局面将相当被动。

最后要注意的是，在具体运用格斗技术时，尽量采取主动出击策略，避免总是被动防守，或者防守后再反击。脚步一定要灵活，尽可能保持机动性。不要使用过多的近身缠斗技术，也不要与某一个对手过分纠缠，尤其切忌将格斗拖入地面打斗阶段。

实战范例 ①

▲ 街头遭遇多人围攻，甲暴徒于我身体左侧率先发动攻击，用右手抓扯我的左臂。

▲ 我迅速抬起左臂，向下拨压对方右臂，及时化解危机。

▲ 几乎同时，身体左转，带动右臂快速出击，以右手指尖猛戳对方双眼，打他个措手不及。

▲ 此刻乙暴徒也从右侧疾步前冲，意图增援其同伙。

▲ 乙暴徒逼近的一刹那，我立即屈膝抬起右腿，以右脚侧踹其腹部，令其无法顺利近身。

▲ 乙暴徒遭受重创后，势必俯身弯腰，我趁机向前落步，身体骤然右转，带动左手摆拳袭击其头部，一拳将其击倒在地。

▲ 此刻，甲暴徒恼羞成怒，试图再度反扑。我发觉身后有异动时，马上转身，左腿屈膝提起，脚尖向上勾起。在对方迫近的一刹那，左腿挺膝，左脚沿直线前冲，刺踢甲暴徒腹部。

▲ 以前脚掌为力点实施的刺踢威力不亚于侧踹，如长矛直刺，力道凶狠，一旦击中目标，可导致对方腑脏剧痛，彻底丧失反抗能力。

▲ 旋即，我可以用双手猛推甲暴徒的上身，将其推倒在地，然后迅速撤退到安全的位置上。

实战范例 ②

▲ 与甲暴徒在街头发生争执，其同伙站在我身后，对我形成夹击，腹背受敌，局面非常不利。

▲ 冲突升级，对方突然前冲，欲扑抱我，发动攻击。我迅即屈膝抬起右腿，脚尖勾起。

▲ 甲暴徒靠近的瞬间，我右脚骤然向前刺踢对方腹部，给予其沉重打击的同时有效地遏制其进攻势头。

▲ 此时，甲暴徒的同伙乙突然由我背后发动攻击。

▲ 我右脚迅速向后摆动，以脚后跟为力点猛然向身后踹出，直击乙暴徒裆腹部。

▲ 动作不停，我右脚落地站稳，左脚随即朝甲暴徒方向移动，逼近对方的同时挥舞左臂发动攻击，以左手掌刃为力点连续劈砍甲暴徒的脖颈。

▲ 继而，再向右转身，以右后扫肘扫袭乙暴徒的头部，令其二人疲于招架。

▲ 如果对方自恃人多势众，不依不饶，仍然纠缠不休的话，可以展开新的一轮战斗。无论是用拳头发动攻击，还是用腿脚扫踢对方下肢，都要掌握一个原则，就是尽量不要让对方靠近自己，尤其是避免被对方缠抱。

▲ 可以先用一连串的快拳干倒那个看上去气焰特别嚣张的家伙，擒贼先擒王，同时震慑其同伙。

▲ 街头对付群敌围攻时，也可以在时机恰当时使用一些投摔技术，比如在你成功干倒一名暴徒，并确信其无力再爬起来后，可以使用如抱腿摔这样的技术去撂倒他的同伙。

▲ 抱腿摔可以成功颠覆对手的身体重心，是一种比较适合于街头打斗中运用的投摔技法，这种技术不会与对手有过多的肢体纠缠，便于及时抽身退到对自己有利的位置上去。

▲ 撂倒一名对手后，可以顺势用脚踩踏对方裆部，痛打落水狗，令其彻底丧失反抗能力。

▲ 一番混战过后，最好立即逃离现场，防止对方还有其他同伙闻讯前来增援。